MARCO ⊕ POLO
MASURISCHE SEEN

W0083186

*Fünf Symbole sollen Ihnen
die Orientierung in diesem Führer erleichtern:*

für Marco Polo Tips – die besten in jeder Kategorie

für alle Objekte, bei denen Sie auch eine schöne Aussicht haben

für Plätze, wo Sie bestimmt viele Einheimische treffen

für Treffpunkte für junge Leute

(112/A1)
Seitenzahlen und Koordinaten für den Reiseatlas Masurische Seen

*Diesen Führer schrieb Wolfhart Berg. Er ist gebürtiger
Ostpreuße und hat Verwandtschaft im Masurischen. Berg ist Journalist,
vielfacher Buchautor und lebt heute in Hamburg.*

*Die Marco Polo Reihe wird herausgegeben
von Ferdinand Ranft.*

MAIRS GEOGRAPHISCHER VERLAG

MARCO ⊕ POLO

Für Ihre nächste Reise gibt es folgende Titel dieser Reihe:

Die Marco Polo Redaktion freut sich, wenn Sie ihr schreiben: Marco Polo Redaktion,
Mairs Geographischer Verlag, Postfach 31 51, D-73751 Ostfildern

Unsere Autoren haben nach bestem Wissen recherchiert. Trotzdem schleichen sich
manchmal Fehler ein, für die der Verlag keine Haftung übernehmen kann.

Titelbild: Sayno-See bei Augustów (Anzenberger: Gérard Sioen)
Fotos: R. Freyer (4, 10, 18, 44, 51, 68, 76, 79); hpa: Kürtz (22); L. Janicek (24); J. Kalmár (82, 89);
Lade: B&W (54), Tschanz-Hoffmann (30, 39); Mauritius: Hubatka (111), Mehlig (33, 71), Torino (14),
Vidler (26); P. Santor (66); Schapowalow: Huber (58); Schuster: Backhaus (46), Kunz (42, 57);
K. Thiele (6, 12, 20, 61, 75)

3., aktualisierte Auflage 2000 © Mairs Geographischer Verlag, Ostfildern
Chefredakteurin: Marion Zorn
Lektorat: Corinna Walkenhorst
Gestaltung: Thienhaus/Wippermann (Büro Hamburg)
Kartographie Reiseatlas: © Mairs Geographischer Verlag
Sprachführer: in Zusammenarbeit mit dem Ernst Klett Verlag für Wissen und Bildung GmbH,
Redaktion PONS Wörterbücher

Printed in Germany
Gedruckt auf 100% chlorfrei gebleichtem Papier

INHALT

Entdecken Sie Masuren!

Herzliche Gastfreundschaft im Wald- und Seenparadies

Suleyken liegt überall und nirgendwo. Ein kleines Dorf im großen masurischen Wald, von Seen umgeben und von einem der bekanntesten deutschen Literaten, Siegfried Lenz, im Kopf erdacht. Oder vielleicht doch nicht? Lenz, geboren im einst ostpreußischen Lyck, beschreibt mit »So zärtlich war Suleyken« ein Leben voller Not und heiler Welt, mit Lachen, Zärtlichkeit und Trauer in einem Masuren, das uns auch heute noch in jedem Dorf begegnet. Suleyken – ein literarischer Traum – ist überall landesweite Realität im Masuren Anno 2000. Weil Masuren immer Masuren geblieben ist, egal ob unter dem Ritterorden, unter polnischer, preußischer oder nationalsozialistischer Herrschaft.

Masuren hat einen einmaligen landschaftlichen Charakter. Und die Masuren zeigen vor allem Herz, Seele und Verstand. Masuren von heute sprechen zwar Polnisch, aber denken schon lange europäisch und freuen sich wirklich über jeden deutschen Urlau-

Krutinna: für Kanuten und Paddler die beliebteste Wasserroute

ber, der ihr Paradies mit ihnen für eine gewisse Zeit teilen will. Ohne Probleme, ohne nachtragende Vergangenheitsbewältigung – einfach so, von Mensch zu Mensch!

An einem dieser wirklich heißen Sommertage liege ich doch tatsächlich noch in einem ganz realen Dörfchen namens Suleyken hinter der Kirche am Seeufer im Schilf und schaue zum Himmel. Dieses Suleyken (Sulejki), so hatte mir meine Reiseführerin, eine masurische Germanistikstudentin namens Maria, gesagt, sei genau das Dorf, das Siegfried Lenz in seinen Geschichten über die masurische Tapsigkeit, Gutmütigkeit, Zärtlichkeit und endlose Geduld beschrieben habe. Suleyken liegt auf halbem Wege zwischen Lyck und dem Rothenburger Forst, wo noch große Herden Wisente leben, direkt am Dworackie-See, nur wenige Kilometer westlich von Treuburg (Olecko). Über den Kirchplatz watscheln schnatternde Gänse. Ein Bauer auf einem Pferdewagen nickt freundlich. Die kleine Kirche da hinten könnte auch mal renoviert werden. Findet der Storch aber gar nicht, der sich auf dem Turm sein Nest baute. Die versprengten Kumuluswolken dort oben am Himmel bilden seltsame Figuren zum Träumen.

Mein Masuren hat Seele. Über 3000 Seen sind das fischreiche Blut dieser Landschaft. Grüne und dunkle Wälder, größer als der Schwarzwald, schaffen Luft, Schatten und ausreichend Wildnis für Elche, Wisente, Hirsche, Wildschweine und Wölfe. Wenn auch nicht gerade in den drei größten Städten Elbing, Allenstein und Suwałki, sagen sich doch ansonsten Fuchs und Hase fast überall gute Nacht. Das Eldorado für Wanderer, Jäger, Wassersportler und Angler am nordöstlichsten Ende des wachsenden Europas hat dörflichen Charakter, ist immer noch ein bäuerlich geprägter Landstrich zwischen Ermland und Rußland in Polens Norden. Mit grünen Hügeln und den längsten Kanälen Europas. Mit dschungelartigen Naturparks bei Suwałki, dem 110 Quadratkilometer großen Spirdingsee bei Nikolaiken und der einzigartigen Johannisburger Heide (Puszcza Piska). »Masuren ist die Harfe und das Spiel der Winde«, schrieb der lange in Lötzen ansässige Dichter

Hans Georg Buchholtz. Und meinte damit auch die sagenhaften goldbraunen Bernsteinklunker am windigen Frischen Haff hinter Frauenburg.

Als ich mit dem Fahrrad eine der bis zu 20 km langen Linden- und Buchenalleen bei Nikolaiken entlangradle, höre ich diese Windharfe ... dann wird es zu einem Rauschen. Über mir, aber noch unterhalb der Baumwipfel, kommen mir gleich sieben Störche im Tiefflug entgegen. Das Rauschen wird zum regelmäßigen, lauten Knattern. Ich steige ab, direkt neben einem dieser zigtausend bunten Marienaltäre, die an jeder Ecke und in jedem Dorf vom polnischen Marienkult künden. Und daran erinnern, daß die katholische Kirche, die auch in Masuren zu 98 Prozent die menschlichen Seelen für sich eingenommen hat, bis zum Sturz des Kommunismus 1989 immer ein Fluchtpunkt für freie Herzen und Gedanken war.

In diesem Moment, die weißen Störche über mir, die steinerne Maria an meiner Seite und die grüne, sonnendurchflutete Allee bis zum Horizont im Blick, da erinnere ich mich an einen Satz des Masuren-Dichters Arno

An Orten für Muße und Ruhe gibt es in Masuren keinen Mangel

Surminski: »Man könnte Vater und Mutter verlassen, Kühlschränke, Farbfernseher und Telefonapparate, um in Masuren das einfache Leben zu leben.«

Es ist immer noch einfach. Vor dem Zusammenbruch des Kommunismus, erzählt mir meine Reisebegleiterin, »hatte hier jeder Arbeit und machte sich nicht kaputt. Heute haben wir in Masuren über 20 Prozent Arbeitslosigkeit, und jeder macht sich kaputt, um sich ein kleines Häuschen zu bauen mit drei oder vier Fremdenzimmern. Und natürlich mit Farbfernseher, Telefon und Kühlschrank.«

Tatsächlich, auch im entferntesten Winkel der »Grünen Lunge Polens« sehe ich mindestens so häufig wie die Marienstatuen auch die kleinen Hinweisschilder auf deutsch »Zimmer frei«. Am Muckersee (Jezioro Mokre) im romantischen Dörfchen Krutyn klopfe ich an so ein Bauernhaus. Der Anbau noch unverputzt, die Fensterrahmen noch nicht bemalt, ein Baugerüst klappert zwischen Neubau und Scheune im Wind, und ein strahlender Jerzy Adamski zeigt mir vier saubere Zimmer mit Bad.

Die Flasche Wodka auf dem Küchentisch macht uns schnell zu Freunden. Jerzy erzählt, daß er mit seinen Gänsen und Schweinen auch heute im Kapitalismus nicht reich werden kann. »Nach unserer Revolution, na ja, Revolutiönchen, nachdem ich all den enteigneten Besitz meiner Eltern zurückerhielt, mußte ich schon etwas Wald verkaufen. Doch jetzt steht hier der Neubau, und die Urlauber können kommen. Deutsche Touristen sind unsere große Hoffnung. Wir Masuren waren

noch nie auf Konfrontation aus, wir verstehen deutsche Kultur, sprechen deutsch, und wir bieten einzigartige Naturerlebnisse sowie Preise wie vor 50 Jahren.«

Recht hat er. Der Tourismus ist Masurens große Chance. Ökologischer Tourismus natürlich nur – versteht sich! Man baut keine riesigen Hotelwolkenkratzer, Neubauten sind nie höher als die Tannenwipfel. 1998 machten schon über 80 000 Deutsche mindestens eine Woche hier Urlaub. Sie waren nicht auf der Suche nach großen Kulturgütern. Denn mit dem Satz »Wo sich aufhört die Kultur, da beginnt sich der Masur« spotten die Masuren selbst über fehlende Opernhäuser etc.

Und loben dafür ihren Tourismus auf den Spuren von Mutter Natur, nicht auf Kosten der Natur: Nirgends sind die Seen tiefer und reiner als hier, die Wälder einsamer und wilder. Heute zahlt sich aus, was das kommunistische Warschau nach dem Zweiten Weltkrieg in Masuren immer wieder versäumt hatte: Nämlich die Industrialisierung, die zugunsten der schlesischen Schwerindustrie im masurischen Armenhaus schmählich vernachlässigt worden war. Ein Glück für die Bussarde über den Wäldern und für die Schwarzstörche, die diesen ökologisch sauberen europäischen Fleck Erde bevorzugen. Ein Glück für uns Urlauber!

Diese masurischen Naturelemente übertragen sich auf die Menschen. Sie sind teils schwermütig, teils lebenslustig, von der blutigen Geschichte zwischen Deutschen und Polen, zwischen Preußen, Polen und Russen arg gebeutelt. Über 800 Jahre kulturell und sprachlich beeinflußt von

Geschichtstabelle

7000–5000 v. Chr.
Im Gebiet des heutigen
Masuren leben die ersten
Menschen vom Fischfang
und der Jagd auf Rentiere

ca. 1000 v. Chr.
Zwischen Ermland und
Samland in der heutigen
masurischen Region siedeln
die Galinder, einer der elf
pruzzischen Stämme

966 n. Chr.
Gründung des christlichen
Polenstaats durch König
Mieszko I.

997
Der zweite polnische König,
Boleslaw Chrobry (»Der
Tapfere«) schickt den katho-
lischen Bischof Adalbert ins
Pruzzenland Masowien.
Doch die Heiden erschlagen
den Kirchenmann, Adalbert
wird heute als National-
heiliger verehrt

1224–1226
Wegen der weiterhin
plündernden pruzzischen
Heiden bittet Konrad von
Masowien den Hochmeister
des Deutschen (Ritter-)Ordens,
Hermann von Salza, um
militärische Hilfe

1231–1283
Die deutschen Ritter besiegen
die Heiden, lassen Burgen
u.a. in Elbing, Braunsberg und
Marienwerder bauen und

bringen deutsche Siedler
nach Masowien (Masuren).
Marienburg wird Ordenssitz

14. Jh.
Es etabliert sich mit 97 ge-
gründeten Städten und 1400
Dörfern der »Ordensstaat«

15. Juli 1410
Der Ordensstaat wird dem
Königreich Polen-Litauen zu
mächtig. In der legendären
Schlacht bei Tannenberg/
Grunwald besiegen die Polen
die deutschen Ritter, 15 000
Söldner sterben dabei

1457–1466
Auch die Marienburg wird von
Polen erobert, der Deutsche
Orden zieht nach Königsberg.
Der Hochmeister muß dem
polnischen König einen Treueid
schwören. Das Ermland mit El-
bing wird durch den Thorner
Friedensvertrag autonomes
Gebiet polnischer Krone

1525
Der Ordensstaat wird aufge-
löst, Masuren wird preußisches
Herzogtum unter polnischer
Krone

17./18. Jh.
Französische Soldaten, plün-
dernde Tataren und protestantische Schweden verwüsten
nacheinander Städte und
Dörfer, die Pest tötet nochmals
ein Drittel aller Masowier

1765–1772
Die Masurische Seenplatte wird durch fünf Kanäle verbunden

1772–1918
Durch die Dreiteilung zwischen Rußland, Österreich und Preußen verschwindet das Königreich Polen für 146 Jahre

1850–1914
Wirtschaftliche Blüte in Masuren. 1868 fährt die erste Eisenbahn von Königsberg nach Lyck, 1879 nach Treuburg, 1883 Ortelsburg, 1885 Gehlenburg und 1911 Nikolaiken

1914/15
Die Truppen von Generalfeldmarschall Paul von Hindenburg besiegen in der »Schlacht bei Tannenberg« und in weiteren an den Großen Masurischen Seen russische Heere

1918
Polen wird wieder ein souveräner Staat, aber ohne Krone

11. Juli 1920
Laut Versailler Vertrag müssen die ca. noch 400 000 Masowier/Masuren abstimmen, ob sie dem deutschen Ostpreußen oder aber Polen angegliedert werden wollen. Auf Grund der jahrhundertelangen preußischen Einflüsse stimmen 97,8 % der Masuren für den Verbleib bei Ostpreußen.

Polnische Historiker kritisieren heute, die preußische Verwaltung hätte die polnischsprachige Landbevölkerung nicht richtig informiert

1939–1945
Hitlers Armee besetzt Polen

1945
Von Jan. bis März fliehen Millionen Ostpreußen durch Masuren gen Westen. Im April hat die Rote Armee Masuren besetzt und weitgehend zerstört. Rußland vereinnahmt das nordöstliche Drittel Polens sowie Ostpreußen. Das eigentliche Masuren wird jetzt von Warschau aus regiert

1970
Erster antikommunistischer Gewerkschaftsprotest in Danzig

1980
Duldung der freien Gewerkschaft *Solidarność*. Die verbliebenen deutschstämmigen Masuren werden mittlerweile als Alteingesessene respektiert

1989/90
Polnische Perestroika.
Lech Wałesa wird zum Staatspräsidenten gewählt

1996
Wałesa wird abgewählt. Die neue Regierung beantragt Polens EU-Mitgliedschaft

1999
Polen wird das 19. Mitglied der Nato. Der Beitritt Polens zur EU wird für 2004 erwartet

Das gotische Portal der evangelischen Kirche in Osterode

deutscher Zunge und Disziplin wie auch von polnischer leichterer Lebensart und gefühlvollem Umgang miteinander. Eine gute Mischung für Menschen, die eigentlich nie selbst politisch aktiv werden woll(t)en.

»Masuren« ist sowieso kein politischer Begriff, war nie ein Herzogtum oder Staat. Eher nur ein Wort mit sehnsüchtiger Melodie und für hundert verschiedene Stimmungen, über 3000 Seen hinweggeweht. Masurens Grenzen waren und sind fließend. Einst sehr kriegerisch zwischen Preußen, Polen, Russen und Deutschen umkämpft, dehnt sich das ostpreußisch-polnische Masuren heute ganz friedlich und auf eigenartige Weise immer weiter aus: Weil das Wort »Masuren« so ein zugkräftiger Name ist und das naturreine Image touristisch vermarktet werden kann, haben sich die drei obersten Verwaltungsbehörden vom ermländischen Elbing (Elblag), dem schon rein masurischen Allenstein (Olsztyn) und dem fast russisch-ukrainischen Suwałki bereits vor einigen Jahren gemeinsam organisiert. Ermlands Elbing mit dem Frischen Haff davor gilt jetzt als »Eingangspforte nach Masuren«. Und Suwałkis große Naturparks passen sich mit den dichten Wäldern ideal ins Naturimage Masurens ein.

Ohne irgendwelche politischen Hintergedanken und nur aus dem Respekt vor so viel gemeinsamer, gewaltiger Natur haben auch wir uns mit diesem Reiseführer auf dieses größere Masuren eingerichtet. Wobei festzustellen ist, daß sich sowieso polnische wie deutsche Historiker seit einem Jahrhundert darüber streiten, wo denn genau die masurischen Grenzen verlaufen. Wir wissen es – in den tiefen, unendlichen Wäldern nämlich!

Daß wir uns nun nicht falsch verstehen ... Masuren hat noch mehr zu bieten als nur Natur. Pure Lebenslust beispielsweise in den blitzblanken Küchen der kleinen Familienpensionen. Wer hier einmal die Rote-Bete-

Suppe, einen Kartoffelpuffer mit etwas Kaviar, eine dicke Kohlroulade oder gar eine apfelgefüllte Wildente mit Rotkohl verputzt hat, dazu noch das eine oder andere Schlückchen Wodka, der vergißt, wie man »Mäckdonalds« schreibt.

Wer einmal auf den Spuren des Nikolaus Kopernikus durch seine einst von ihm verwalteten Schloßburgen zwischen Allenstein, Elbing und Frauenburg wandelt, der überhört alle diese dümmlichen Vorurteile vom unkultivierten Osten ganz schnell. Richtig ist zwar, daß auch das heutige architektonische Gesicht Masurens vom roten Backstein der deutschen Ordensritterburgen geprägt ist. Doch das katholisch-polnische Masuren hat besonders an den gotischen Kirchen die vielen Kriegszerstörungen nicht nur liebe-, sondern auch kunstvoll restauriert.

Und selbst im tiefsten Wald, nur durch ein kleines Hinweisschild gekennzeichnet, stößt man auf Kultur: Südwestlich von Nikolaiken, gleich hinter Loowo, treffe ich auf das verfallende Geburtshaus von Ernst Wiechert. Eine Plakette am Haus erinnert an seine hier verlebte Kindheit. Erinnert mich an seine Bücher, in denen er von den wilden Beeren, den vielen Blumen und dem verwunschenen Garten hinterm Haus erzählt, »der das Herz eines Kindes mit Seligkeit erfüllen konnte«.

Da haben wir sie wieder – die masurische Seele. Nicht nur im Sommer kann man sie hier finden. Im Herbst, wenn jeder Masure in die Pilze oder zum Beerensuchen geht, leuchten die Laubwälder bunter denn der berühmte *Indian Summer* von Pennsylvania in den USA. Im Winter, wenn die Seen vereist und die Wälder verschneit sind, dann lacht das Herz eines jeden Masuren: Die Kinder fahren Schlitten, die Erwachsenen gehen zur Jagd, vergnügen sich beim Eisstockschießen oder Eissegeln. Sogar die Loipen rund um Nikolaiken und Allenstein sollen schneesicherer, ruhiger und naturschöner als sämtliche Langlaufwege der Alpen sein. Und im Frühjahr, wenn die ersten Störche kommen, dann sieht man auch die ersten Paddler und Kanufahrer durch die Seen und Flüsse ziehen. Dann stehen die Angler an stillen Seeufern oder dümpeln im Frischen Haff umher. Petri Heil ist ihnen im fischreichsten Gebiet Europas allemal sicher.

Natürlich wollen auch die kleineren Städte wie Augustów, Rastenburg, Nikolaiken, Guttstadt oder Mohrungen besucht sein. Ihre gut ausgestatteten Heimatmuseen zeugen von einer Zeit, in der preußische Kulturhoheit und polnische Folklore sehr gut zusammenpaßten. Ihre idyllischen Stadtzentren sind nach dem Krieg teilweise eindrucksvoll und kunsthistorisch respektabel restauriert worden. Und die Jugend geht hier ebenso gerne in Diskos, Cafés oder Kinos wie die unsrige in Lüneburg, Magdeburg oder Regensburg.

Wenn Sie jetzt mit mir über die folgenden Seiten durch Masuren streifen, dann vergessen Sie bitte nicht unsere gemeinsame Geschichte, erinnern sich bitte immer der masurischen Seele und ... ach ja: Suleyken ist überall – und überall zärtlich!

Wo Adebar
»Woitek« heißt

Die Polen Masurens sind auf den Tourismus eingerichtet

Zu Beginn der Lektüre dieses Reiseführers sollten – zum besseren Verständnis – zwei Punkte erklärt werden:

Erstens: Im Zeitraum von 1934 bis 1938 wurden viele masurische Ortschaften umbenannt und erhielten deutsche Namen. Wenn hier zuallererst und meistens nur die deutschen Namen genannt werden, so nicht aus revanchistischen Gründen, sondern um dem (älteren) deutschen Leser die Orientierung zu erleichtern.

Zweitens: Geographisch, historisch und ethnographisch existieren eigentlich verschiedene masurische Regionen. Beispielsweise rechnen deutsche Historiker Rastenburg nicht zu Masuren, polnische aber doch. Mit diesem Reiseführer begeben Sie sich entsprechend den drei großen Regierungsbezirken Elbing, Allenstein und Suwałki wie ein Abenteurer à la Marco Polo durch ganz Ostpreußen. Durch das ermländische Tor bei Elbing bis an die russische Grenze – allerdings nur im polnischen Teil. Das

Szenen, die im Westen Europas schon lange Vergangenheit sind

russische Ostpreußen um Königsberg/Kaliningrad wird hier nicht beschrieben. Informationen zu dieser Region finden Sie im MARCO POLO Reiseführer »Königsberg/Ostpreußen Nord«.

Aufbruch

Polen schaffte zum 1. Januar 1999 etwas, das Deutschland bisher vergeblich versuchte, nämlich eine Länder-Neuregelung. In Polen gibt es jetzt statt 49 nur noch 16 Länder *(Woiwodschaften)*. Dadurch wurde das masurische Allenstein (Olsztyn) um Elbing (Elblag) und das Ermland erweitert. Und die einstige Woiwodschaft Suwałki mit Augustów wird jetzt von der südlicher gelegenen Landeshauptstadt Bialystok regiert.

Seit der polnischen Perestroika 1989/90, bei den Masuren auch »Kleine Revolution« genannt, kann man den neuen Aufbruch selbst in kleinen Dörfern beobachten. Beinahe an jedem Haus und auf jedem Bauernhof wird an-, um- und neu gebaut. Die Häuslebauer verdienen sich dafür oft im westlichen Deutschland einige Monate lang das Geld, um davon dann die Materialien zu kaufen und in Eigenarbeit ein

Bernstein, das »Gold des Nordens«, ist der wichtigste Souvenirartikel

neues Dach (oftmals blau) zu errichten. Meist sind die Häuser noch unverputzt, aber am Marktplatz oder an der Hauptstraße stellt man schon ein neues Hinweisschild auf mit den zwei deutschen Wörtern »Zimmer frei«.

Bauern

Masuren und das Ermland waren einst die Korn- und Fleischkammern der Nation. Im kommunistischen Polen achtete man die Bauern besonders deswegen, weil sie besser als die kollektivierten Genossenschaften den Markt mit ihren »Nebenerwerbs«-Produkten sättigen konnten. Die vielen kleinen, nicht verstaatlichten Bauern hatten auch im Masurischen bis zur »Revolution« 1989/90 ein höheres Einkommen als die meisten Ärzte und Ingenieure in der Stadt. Doch mit der Freiheit kam

auch die freie Marktwirtschaft: Die landwirtschaftlichen (importierten) Maschinen wurden teurer, und die europäische Konkurrenz drängte mit guten, subventionierten Produkten auf den polnischen Markt. Weswegen sich immer mehr kleine Bauernhöfe auf ökologischen Tourismus umstellen und »Zimmer frei« außen an die Haustür hängen (1999 kostete eine Übernachtung zwischen 20 und 40 Złoty, ca. 10 bis 20 Mark). Der Anteil der auf dem Land lebenden Bevölkerung geht deswegen auch im bäuerlichen Masuren rasant zurück: 1939 waren es noch 70 Prozent, 1990 gerade noch 41 Prozent und 1998 nur noch 32 Prozent.

Bernstein

So etwa 45 Millionen Jahre ist es her, als sich das von den Nadelbäumen heruntergeflossene Harz erstmals zu Stein verfestigte. Über Jahrmillionen hinweg entwickelte sich dann zwischen dem Frischen und dem Kurischen Haff das »Gold des Nordens«, das heute noch aus der Ostsee gefischt bzw. mit Baggern im Tage-Wasserbau gewonnen wird. Von der sagenhaften Bernsteinküste profitieren heute besonders das Ermland und Masuren durch unzählige Souvenir- und Schmuckläden. Der Name »Bernstein« kommt von dem niederdeutschen »Bernen« bzw. aus dem Englischen *burn*, weil man schon im Mittelalter wußte, daß *Burn*-Steine bereits bei 350 Grad Celsius in den Flammen »verduften«. Nachdem das ostpreußische Königsberg nach dem Zweiten Weltkrieg zum russischen Kaliningrad wurde, haben sich vor allem Danzig, aber auch Elbing und Allenstein zu schmuckverarbeitenden Bernsteinzentren entwickelt.

Handkuß

Die masurischen Frauen sind wie fast alle Polinnen ziemlich selbstbewußt, oft resolut und ganz sicher emanzipierter als die meisten Polinnen. Doch gerade auf dem Lande wirkt sich das nicht in feministischen Aktionen aus. Eher schon im wachsenden Wunsch nach einer starken Mutterrolle, die ihnen während der kommunistischen Herrschaft durch die Doppelbelastung (Mutter *und* Arbeit) verwehrt war. Und daß ja keiner den Handkuß mißversteht! Dies mag den deutschen Touristen irritieren. Aber nicht nur die gebildete masurischen Frauen akzeptieren die männliche, begrüßende Kußgeste, weil diese

Sitte in Polen schon 300 Jahre alt ist und nicht einmal vom Kommunismus verdrängt werden konnte. Der Handkuß kam hier nämlich schon im 17. und 18. Jh. in Mode, als die Sachsenkönige August II. und August III. die französischen Hofsitten vorbildlich unters Volk brachten.

Kirche

Ganz Polen ist so 98prozentig katholisch wie Italien oder Irland; der Papst in Rom, Johannes Paul II., ist Pole. Doch die Stärke und Zuflucht, die die Kirche für die Polen während der kommunistischen Diktatur bot, nimmt in diesen demokratischen Tagen seit 1990 langsam ab. Richtig, die Kirchen sind noch voll, aber nicht mehr überfüllt wie früher. Konnte die polnische katholische Kirche in den 80er Jahren die Massen noch erfolgreich gegen die kommunistischen Herrscher anführen, so ist sie heute Opfer der von ihr selbst angestrebten demokratischen Freiheit – sie verliert an Einfluß. Und in Masuren ist sowieso wieder alles anders. Denn aufgrund des ehemals deutschen Einflusses gibt es heute hier noch etwa 6000 deutschstämmige, dennoch polnische Protestanten. In *Rastenburg* haben 14 evangelische Gemeinden einen Bischofssitz *(11400 Kętrzyn, ul. Zjazdowa 15, Tel. 089/752 23 62)*. In über 50 masurischen Ortschaften finden regelmäßig sonntägliche evangelische Gottesdienste statt.

Literatur

Einige berühmte, teils noch lebende Schriftsteller deutscher Sprache beschreiben ihre einstige Heimat ohne Ressentiments, aber mit viel Liebe zur masurischen Natur und den dort lebenden Menschen. Jeder kennt Siegfried Lenz (geboren 1926 in Lyck) und sein Buch »So zärtlich war Suleyken«. Ernst Wiechert, 1887 in der Nähe von Peitschendorf/Piecki geboren, wurde durch die masurischen »Wälder und Menschen« und den »Totenwald« berühmt. Arno Surminski, der 1934 in Jäglack (6 km westlich von Drengfurt/Srokowo) geboren wurde, schrieb über »Jokehnen«, »Polninken« sowie »Grunowen« eine bekannte Trilogie. Mit seinen »Geschichten aus Kalischken« beschreibt er das Land der »Klapperstorchwiesen und Schilfrohrwälder«.

Minderheiten

Man bedenke: Krieg und Flucht sind mittlerweile schon über 50 Jahre her. Speziell Masuren war in den letzten Kriegsmonaten 1945 Ausgangspunkt und Durchgangslager von Millionen ostpreußischer Flüchtlinge. Die wenigen Deutschen, die im neuen Polen bleiben wollten bzw. mußten, durften in den folgenden Jahren ihre Muttersprache nicht mehr benutzen. Dagegen kamen in die nun verlassenen masurischen Dörfer und Städte wie-

derum Hunderttausende von den Russen gen Westen vertriebene Polen auf der Suche nach einer neuen Heimat. Seit dem »revolutionären« Ende des Kommunismus 1989/90 gibt es für die deutsche Minderheit in Polen aber wieder Deutschunterricht in den Schulen, kulturelle Freiheiten aller Art sowie eben auch die offizielle Anerkennung als Minderheit. Doch die etwa 50 000 deutschstämmigen Polen in Masuren sind meist älter als 60 Jahre. Ihre Kinder und Enkel fühlen sich größtenteils als Polen. Verständlich, wenn man sieht, wie »deutsch« sich die zweite und dritte Generation der Türkenkinder in Deutschland fühlen.

Parteien

Warschau ist weit weg. Und dennoch kandidierten bei den letzten kommunalen Wahlen in Masuren 37 verschiedene Parteien. Vorbei die schönen Zeiten, als die Solidarność nach 1980 die einzige große Volksbewegung wurde und nach der 89/90er Revolution die einzige große staatstragende Partei war. Mittlerweile aber gibt es im demokratischen polnischen Masuren neben den Kommunisten und der Solidarność so ziemlich für jede Interes-

---

Storch müßte man sein

Störche haben es in Masuren besser, sie sind das Nationalsymbol zwischen Allenstein und Augustów und werden über Gebühr gehegt und gepflegt. Pfarrer läuten ihre Kirchturmglocken nicht mehr, wenn da oben ein Storchennest liegt. Bauern kontrollieren täglich ihr Storchennest auf der Scheune, weil sie vom Aberglauben her fürchten müssen, daß Feuer kommt, wenn der Hausstorch zu früh abfliegt. Und Bürgermeister lassen schon mal das Starkstromkabel auf einen neuen Elektromast umlegen, um das Storchennest auf dem alten Mast daneben nicht zu gefährden.

sengruppe eine eigene Partei: für die Monarchisten, Grünen, Christen, Antialkoholiker, Feministinnen, bäuerlichen Subventionisten oder Europa-Anhänger. Die neue Freiheit zeigt auch hier inflationäre Tendenz.

Politik

Seit dem Sturz des kommunistischen Systems 1989 sowie den ersten demokratischen Wahlen 1990 orientiert sich Polen gen Westen. Mitglied in der Nato ist Polen seit 1999, in der EU wohl Anno 2004. Das zuvor im Ostblock verankerte Polen überhörte geflissentlich das russische »Njet«. Mit fallender Inflationsrate von 10,5 % (1998) und 7,8 % (1. Halbjahr 1999) nähert sich Polens Wirtschaft nun auch langsam dem EU-Niveau an. Auch die Politik in Masuren orientiert sich speziell am Westen, weil insbesondere aus Deutschland die meisten zahlungskräftigen Touristen einreisen. Man schafft neue Gesetze zur Bebauung, für die Ausbildung in Hotelfachschulen sowie für gesundheitspolizeiliche Kontrollen in Gaststätten.

Radarfallen

Wundern Sie sich nicht, wenn Sie auf einsamer, langer Landstraße mitten im masurischen Wald oder auch gleich hinterm Marktplatz des allerletzten Kuhdorfes plötzlich eine Polizeikelle mit dem Stopzeichen sehen. Radarkontrollen *(Kontrola Radarowa)* dienen zur großen Freude aller Dorfpolizisten gelegentlich zur Aufbesserung der Gemeinde- bzw. Privatkasse. Wobei das Radargerät nicht immer genau zu orten ist und auch die Höhe der Geschwindigkeitsübertre-

tung nicht diskutiert werden sollte. Der Polizist zeigt Ihnen freundlichst eine Tabelle mit den happigen Straftarifen für die überschrittenen km/h. Wenn Sie aber schnell den richtigen Ton und den passenden Geldschein (so 20 Mark) finden, können Sie auf diese »private Tour« eventuell weitere 50 bis 100 offizielle Strafmärker einsparen.

Solidarność

Lech Wałesa war einer der Anführer, als die erste unabhängige Gewerkschaft Polens im Jahre 1980 an der Ostsee einen Aufstand auf der Danziger Lenin-Werft gegen das kommunistische Herrschaftssystem erfolgreich ausführte. Danach mußte die Solidarność zwar wieder in den Untergrund und Wałesa zeitweise ins Gefängnis. Doch spätestens seit 1989 war sie die herrschende Kraft. Aber seit 1996 wurde Wałesa abgewählt, die Solidarność kann sich in Zukunft wieder auf ihre Aufgaben als Gewerkschaft konzentrieren.

Störche

Alle Masuren haben einen Vogel – nämlich den Storch – in ihr Herz geschlossen. Meister Adebar ist sozusagen das Wappentier Masurens, die Region weltweit das Storchenland Nummer eins. 1998 wurden vom Internationalen Naturschutzbund (INaBu) in ganz Polen über 30 000 Paare vom Typ »Adebar« gezählt, davon mehr als die Hälfte in Masuren (zum Vergleich: in Deutschland knapp 4000). Außerdem leben etwa 45 Prozent aller Schwarzstorchpaare in Masuren (ca. 300). Die Bauern wissen, daß Störche nie

Storchenpaare halten ihr Leben lang die Treue, auch zu Masuren

ihr Nest über unterirdischen Wasserläufen bauen, daß also das Bauernhaus mit einem Storchennest vor Blitzeinschlag geschützt ist. Weswegen auch die Masuren den Storch liebevoll *Woitek* nennen – eben »Adalbert«.

Umweltschutz

Die neue Freiheit gab natürlich auch in Masuren vielen von den Kommunisten einst enteigneten Bauern ihre Ländereien zurück. Was man in letzter Zeit leider immer mehr an den großen Abholzungen in einzelnen Wäldern sehen kann. Mit dem Holzverkauf finanzieren sie die neuen Steuern oder ein neues Hotel. Letztlich aber sind das Randerscheinungen. Denn dank der geringen Industrialisierung wurde unter dem nicht gerade umweltfreundlichen Kommunismus die masurische Region weitgehend von ökologischen Schäden verschont. Und die regionalen Parteien sowie die zwei neuen Regierungen der Woiwodschaften Allenstein und Bialystok/Suwałki setzen sich für mehr Umweltschutz ein. Ökologische Politik, so haben es hier die Regierenden erkannt, bringt Masuren nicht nur saubere Seen,

grüne Wälder und neue Naturschutzparks, sondern eben auch langfristig mehr Touristen.

Wałesa, Lech

Er war 1989/1990 der Held von Danzig, danach Nationalheld aller Polen. Der 1943 geborene Bauernsohn, gelernter Elektriker, Danziger Werftarbeiter und Gewerkschaftsführer gilt als Erretter Polens aus sowjetischer Hegemonialmacht. 1990 wurde er der erste frei gewählte Staatspräsident. 1993 erhielt er sogar den Friedensnobelpreis. Aber 1996 wurde er abgewählt, versuchte sich als Privatier und kokettierte sogar damit, wieder als Werftarbeiter nach Danzig zu gehen.

Zur Jahrtausendwende spielt Lech Wałesa als Führer einer kleinen Partei keine nennenswerte politische Rolle mehr. Das neue, westliche Polen will keine Überautorität mehr, keinen selbsternannten »Retter der Nation«. Undank macht eben auch vor demokratischen Heiligen nicht halt. Aber ein Lech Walesa gibt nie auf. Mit seiner 1998 gegründeten christdemokratischen, konservativen Bürgerpartei kann er bei den nächsten Wahlen noch sechs bis acht Prozent Stimmen gewinnen und damit eventuell in einer Koalitionsregierung das Zünglein an der Waage spielen.

Wirtschaft

Die jüngste masurische Wirtschaftsstatistik unterteilt Beschäftigung bzw. Haupterwerbszweige folgendermaßen: In Industrie und Handwerk sind nur 19 Prozent tätig, in Land- und Forstwirtschaft 14 Prozent, im Handel 12 Prozent, im Tourismus bereits 14 Prozent, weiterhin beim Bau 8 Prozent, Bildung und Kultur 7 Prozent, Transport 7 Prozent; der Rest der Beschäftigten arbeitet in weniger bedeutenden Bereichen. Am stärksten stieg in den letzten Jahren der touristische Erwerbszweig. Andererseits gibt es in dem Bauernland der Wälder und Seen auch noch über 20 Prozent Arbeitslosigkeit.

Wodka

Eigentlich ist der überall in Masuren wachsende Wacholder (Kadyk) an allem schuld. Das kleine, einer Zypresse ähnliche Bäumchen gibt gutes Gewürz für den Wildbraten ab, aus seinen Wurzeln schnitzen Künstler seltsame Figuren – ja, und dann macht man eben aus den getrockneten Wacholderbeeren auch einen besonders guten Wodka (nicht nur aus Kartoffeln und Bisongras). Und dieser schmeckt besonders den Masuren zum Essen, aber auch davor und danach besonders gut. Letztlich wird freilich (auch alkoholisch hochprozentual gemessen) mehr Bier getrunken als das polnische Nationalgetränk Wodka. Doch letz-

teres macht das nationale Problem, den Alkoholismus, auch nicht besser. Vor allem die Männer sieht man häufig schon tagsüber ziemlich betrunken herumtorkeln. Die Frauen – so der masurische Humor – würden schließlich nur aus Mitleid einen Schluck Wodka aus dem Küchenschrank herausrücken, weil so viele Männer magenkrank seien. Betrunkene werden übrigens in der Öffentlichkeit im allgemeinen nicht verächtlich angesehen. Fast liebevoll entschuldigen die Masuren: »Vielleicht ist die Person gar nicht betrunken, sondern trägt nur zu kleine Schuhe, so daß die Füße schmerzen und man deswegen torkelt.«

Zecken

Wo Wald und Sträucher sind, gibt es auch Zecken. Wo Seen und Schilf sind, gibt es auch Mücken. Da Masuren voller Wälder und Seen ist, kommen Zecken und Mücken eben auch alle Jahre wieder besonders gerne hierher. Die Zecke unterscheidet nicht zwischen Touristen und Einheimischen und kann beiden zwischen Mai und Ende Juli das Leben verleiden. Um das zu verhindern, sollte man vor allem Erlengebüsche und hohe Farne meiden. Hat sich eine Zecke aber schon auf die Haut gesetzt, so hilft nur, dick Butter oder Creme auf die Stelle zu schmieren, um die schmarotzende Milbe zu ersticken bzw. nach einer halben Stunde entfernen zu können. Die noch größere Plage jedoch bringen zwischen Juni und August die Mücken mit. Hier rettet die eigene Haut dann in den Seengebieten nur die entsprechend dick aufgetragene Anticreme.

»Baba« ist köstlich!

Masuren kochen und essen für ihr Leben
gern und gut

Ein masurisches Sprichwort sagt: »Hast Du einen Gast zu Hause, so hast Du auch Gott zu Hause«. Welcher Urlauber wollte sich da nicht auf ein gutes Essen und Trinken bei so gastfreundlichen Menschen freuen? Und sei es auch nur in den – nach der Privatisierung 1990 – wieder sehr viel besser, reichhaltiger und persönlicher gewordenen vielen kleinen Familienrestaurants.

Die masurische Küche hat etwas Philosophisches, aber auch viel Sinnliches. Masuren kochen nicht nur, um satt zu werden. Wenn sie kochen in ihrer kleinen Kunstwerkstatt mit den geputzten Töpfen und dem geschmirgelten Holztisch in der Mitte, dann zelebrieren sie schon vor dem Essen mit Lust und Vergnügen eine Kochkunst, die der (Gourmet-)Gott in Frankreich nur neidisch beäugen kann. Masuren essen sehr gut, weil sie sehr gerne kochen. Und weil sie vom Fisch über Wild bis zu Pilzen und Beeren alles vor der Haustür fangen, jagen, sammeln bzw. frisch kaufen können.

Und *Baba* ist überall dabei. Baba heißt eigentlich die »liebe-

Mühlenrestaurant bei Kętrzyn

volle Großmama«, ebenjene, die noch so gut kochen kann. Es gibt reihenweise Kochbücher mit dem Titel »Kochen wie Baba«, also auf die gute alte Hausmannsart, reichlich und trotzdem fein. *Baba* wird auch der köstliche Kuchen zu Weihnachten genannt. Baba ist in jeder Hinsicht einfach gut!

Was Wunder, daß Fisch aus der Ostsee bzw. aus den 3000 masurischen Seen ein wesentlicher Bestandteil der regionalen Küche ist! Was Wunder, daß Wild aus den größten europäischen Jagdgebieten – nämlich Masuren – im Herbst und Winter immer frisch auf den Tisch kommt. Und (fast) alle Masuren zieht's schon im Frühherbst in die Pilze (wie die Lemminge ins Wasser). Pilze satt und überall – ein waldiges Paradies für Feinschmecker. Die wilden Waldbeeren fallen dabei so ganz nebenbei für die Nachspeise ab.

Am besten schmecken hier die Steinpilze, der Birken-, Maronen- und Butterpilz, die Ziegenlippe, der Reizker und natürlich die Pfifferlinge. Marinierte Pilze (10 Min. in Salzwasser, Essig mit Lorbeer und Pfeffer kochen, dann in die Tunke einlegen) gelten in Masuren als Leckerbissen.

Fischer auf dem Spirding-See: Fischgenießer dürfen sich jetzt schon auf das reichhaltige Angebot freuen

Auch der Reizker aus der Pfanne oder eine (gemischte) Pilzsuppe gehört zu den besonderen masurischen Spezialitäten.

Überhaupt ist die Küche nicht ohne Raffinesse, süßsauer wird bevorzugt. Kartoffeln, Weißkohl und Sauerkraut sind elementare Bestandteile, ebenso wie frischer Gurken-, Tomaten- oder grüner Salat (mit Saurer-Sahne-Sauce). Eingelegtes Sauergemüse *(Surów-ka)* aller Art finden Sie fast zu jedem Hauptgang.

Die mittlerweile flächen-deckend über ganz Masuren ver-teilten Restaurants bieten (gerade wegen wachsender touristischer Nachfrage) immer mehr und immer besser eine wirklich einheimische Kochkunst an. Das Mittagessen (ab 12 Uhr in den Restaurants) hat drei Gänge und beginnt z.B. typischerweise mit *Barszcz,* einer klaren, etwas ge-säuerten Rote-Rüben-Suppe, im Sommer kalt und im Winter heiß serviert. Oder aber mit *Zurek,* einer sauren Roggenmehlsuppe. Aber auch Pilze, ein Stückchen Karpfen in Aspik, die köstliche Hasenpastete, der sauer einge-legte Hering, Tatar oder ein ge-räucherter Lachs machen schon mal mehr Appetit auf den kom-menden Hauptgang.

Der da beispielsweise *Bigos* heißen kann. Das polnische ist auch zugleich masurisches Natio-nalgericht; es setzt sich aus Kraut-gulasch (Weiß- und Sauerkraut schon drei Tage zuvor kochen!) mit Schweinefleisch und ver-schiedenen Wurstarten zusam-men. Oder Fisch in allen gekoch-ten, gedünsteten oder gebratenen Varianten wie Aal, Hecht, Zan-der, Stör und Wels, mit grauer Rosinen-Mandel-Sauce. Der no-belste Hauptgang ist das traditionelle Wildbret: Hasen-, Reh- oder Wildschweinbraten oder auch der Fasan, entweder mit gedünsteten Backpflaumen oder viel Majoran sowie Rosmarin, gelten als zwar teure, aber dennoch sehr vertraute, heimische Köstlichkeiten.

Volkstümlicher sind Hauptgänge wie die Klopse mit Kapern, die Krautrouladen *(Golabki)* mit einer Buchweizengrütze-Quark-Füllung oder die Piroggen *(Pierogi)*.

Als Nachspeise gibt's meist frisches Obst oder aber die *Napoleonki* (mit Puddingcreme gefüllter Blätterteig) bzw. die mit Creme und Früchten gefüllten Mürbeteigtörtchen *Babeczki*. Ihren Mürbeteigkuchen *Mazurek* füllen die masurischen Babas mit Nüssen, Rosinen und Obst.

Natürlich bekommen Sie all diese Speisen in drei Gängen auch als Abendessen in den Restaurants (frühestens um 18 Uhr, aber nicht später als 20 Uhr zum Essen kommen!).

Getrunken wird selbstverständlich auch beim Essen, und davor und danach sowieso. Hauptsächlich polnischer Wodka, der *Wyborowa* oder der *Zu-browka* (mit dem eingelegten Bisongras). Doch mengenmäßig noch mehr trinkt man vor allem Bier. Das Elbinger Bier *(EB = Elblag Biwo)* ist weit verbreitet und von bester Brauqualität. Wein wächst leider überhaupt nicht in Masuren, aber man kann sämtliche westeuropäischen Weine in den guten Restaurants ordern – gegen gute Złoty! Doch auch bulgarische Weine schmecken gut, sie sind preiswerter.

Schon seit dem Mittelalter gibt es ein flüssiges, süßes Allheilmittel, den Trinkhonig, der aus echtem Bienenhonig gegoren wird. Am bekanntesten sind der *Trójniak* und der *Dwójniak*. Und was der Masure der noch häufiger als Bier oder Wodka schluckt, ist zu allen Tageszeiten und Gelegenheiten der Tee *(Herbata)*, eine allzeit flüssige Gelegenheit zum Plaudern über das Wetter, die Preise oder die westlich orientierte masurische Jugend.

Ach ja, und dann wäre da eigentlich noch der Kaffee ... den können Sie leider meist vergessen, weil er in etwa die Qualität einer Tasse Kaffee aus einer mittelamerikanischen Provinz-Imbißstube aufweist.

Kasimir in Suleyken

Siegfried Lenz' »Suleyken« findet man in Masuren nicht per Ortsschild – doch viele Dörfer hier könnten so heißen. Und »Suleykens« Hauptpersonen wie Großvater Hamilkar, Briefträger Zappka oder Tante Arafa zeigen eine Seele, die man mit ihrer »blitzhaften Schläue, schwerfälligen Tücke, tapsigen Zärtlichkeit und rührenden Geduld« auch heute noch bei den Masuren findet. Auch der liebe Kasimir aus Arno Surminskis Roman »Polninken« ist so ein bauernschlauer und gutmütiger Masure, der hier wie seine Nachfahren nach der Devise lebt: »Wer sitzen kann, soll nicht stehen; wer liegen kann, soll nicht sitzen; so wird der Mensch hundert Jahre alt.«

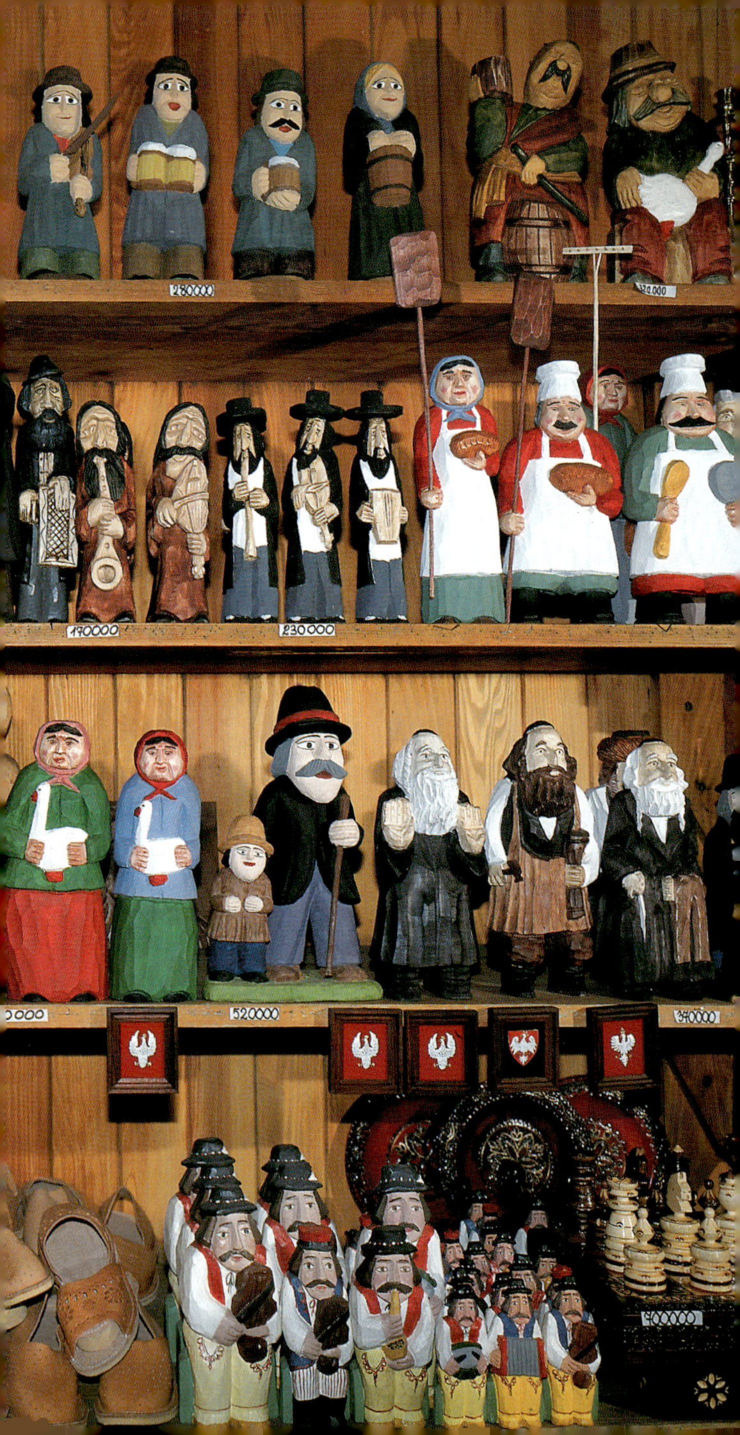
280000
320000
170000
230000
520000
370000
400000

Bernstein über alles

*Masurisches Kunsthandwerk schließt nicht nur
das »Gold des Nordens« ein*

Handelskarawanen aus dem Römischen Reich zogen schon vor 2000 Jahren die berühmte »Bernsteinstraße« entlang durch Masuren, um die goldbraunen Schnäppchen zu finden. Touristenkarawanen aus Deutschland tun heute nichts anderes. Kein Souvenir in ganz Polen glänzt auf der Rangskala der Schnäppchensucher so schön goldig oben an der Spitze wie ein Bernstein. Und der kommt eben aus Ermland und Masuren.

Im Norden von Elbing, am Haff bzw. in Frauenburg, aber auch rund um die Großen Masurischen Seen finden Sie jedoch nicht nur die Souvenir-Ramschläden, die das gelb-weiß-rötlich-goldbraun schimmernde versteinerte Harz der Nadelbäume als Schmuck in Massen verscherbeln. Meist sind das echte Splitter aus Restbeständen der Werkstätten von Danzig und Elbing, manchmal jedoch auch kunststoffliche Fälschungen aus Rußland oder Taiwan. Aber natürlich ist auch Qualität erhältlich. Selbst die besten Juweliergeschäfte zwischen Allenstein und Suwałki verkaufen wunderschön

geschliffene, sorgfältig nach Form und Farbe sortierte und garantiert echte Bernsteinketten (von 100 Mark aufwärts). Heimische Kunsthandwerker wie Zaremski, Kozubski oder Sylwia Zebrowska kombinieren aus Silber und Bernstein einzigartige Ringe, Armbänder, Broschen, Manschettenknöpfe oder Krawattennadeln.

In den größeren masurischen Städten finden Sie jeweils im Zentrum einen *CEPILIA*-Laden. Die aus kommunistischen Zeiten schon bekannten Kunstgewerbeläden haben sich bestens auf die freie Marktwirtschaft und westliche Touristen umgestellt und bieten zu relativ günstigen Preisen z. B. handbemaltes Porzellan aus Włocławek an. Hier gibt es auch aus Holz geschnitzte und bunt bemalte Nußknacker, Ostereier, Schmuckkästchen, Vögel, Kinderwiegen und Spinnräder. Auch Tischdecken und Röcke aus dem berühmten *Pasiak*-Stoff, grün-weiß gestreift.

Spätestens am Abreisetag sollten Sie dann noch schnell einen polnischen Wodka mitnehmen. *Zubrówka* mit dem Bisongras oder den klaren *Polonaise* oder den eher sanften *Chopin* (alle zwischen 15 und 25 Mark die Flasche). *Na zdrowie!*

*Außer Bernstein gibt es noch andere
nette Mitbringsel aus Masuren*

Heilige Kerzen und heißer Jazz

*Die Masuren feiern ihre Traditionsfeste fröhlich und
die religiösen Festtage inbrünstig*

OFFIZIELLE FEIERTAGE

1. Januar *Neujahr*
März/April *Ostersonntag und
   -montag*
1. Mai *Tag der Arbeit*
3. Mai *Jahrestag der Verfassung vom
   3. Mai 1791*
2. Juni *Fronleichnam*
15. August *Mariä Himmelfahrt*
1. November *Allerheiligen*
11. November *Unabhängigkeitstag
    von 1918*
25./ 26. Dezember *Weihnachten*

RELIGIÖSE FESTE UND FEIERTAGE

Ostern

An Karfreitag in *Allenstein, Nikolaiken* und *Augustów* große Prozessionen mit den Altären der
Mutter Gottes um die jeweiligen
Kirchen herum. Wasserscheue
sollten sich an diesem Tag vor
smigus-dyngus vorsehen. Dabei be-
spritzt man sich in Bars und
auf offener Straße gegenseitig aus
lauter Osterfreude mit Wasser.

*Die Masuren zeigen gern beschwingt
und feierlich, daß sie stolz auf ihre
polnische Heimat sind:
junge Frau in Nationaltracht*

Pfingsten

Man stellt Kalmusstauden in die
Vasen und geht an beiden Tagen
in die Messe. Im Gebiet der
Großen Masurischen Seen bren-
nen die Bauern auf Hügeln auch
Holzfeuer ab.

Fronleichnam

In jedem Kirchdorf Masurens
finden Prozessionen statt. Die
jungen Mädchen tragen weiße
Kleider und schmücken ihr Haar
mit Blumenkränzen.

Mariä Himmelfahrt

Wäre im Jahre 1655 am 15. August nicht die Mutter Gottes gewesen, ebenjene Schwarze Ma-
donna des Paulinerklosters von
Jasna Gora, die feindlichen
Schweden hätten Polen damals
wohl endgültig erobert. Zum
Dank für ihre schützende Patro-
natschaft, die den polnischen Soldaten damals Siegesmut machte,
krönte danach König Jan II. Kazi-
mierz die Mutter Maria zur ewi-
gen polnischen Königin. Seitdem
wird Maria als geistliche und
gleichzeitig weltliche Macht von
allen gläubigen Polen noch mehr
verehrt als Jesus selbst. Weswegen gerade an Mariä Himmel-

fahrt auch in Masuren sämtliche Städte und Gemeinden unter einer Wolke von Weihrauch und einem Heiligenschein aus Hunderttausenden von Weihkerzen schier versinken.

Erntedankfest

In der landwirtschaftlichen Region Masurens feiern die Gemeinden im Herbst mit Ährenkränzen das *Fest der Saatbeschützerin Maria.* Außerdem Folkloretänze, Trachten und Volksmusik.

Allerheiligen

★ Offizielle Delegationen legen am 1. November auf den vielen Soldatenfriedhöfen Masurens Kränze und Fahnenschmuck nieder. Auf den großen alten Friedhöfen von *Suwałki, Rastenburg* und *Elbing* sind die Gedenkfeiern besonders eindrucksvoll, weil die Prozessionen stark besucht sind und später zwischen den teils schon kunsthistorischen Gräbern die Kerzen und Weihrauchschwaden im Dunkeln ein mittelalterliches Ambiente zaubern.

Weihnachten

Natürlich gehen alle an Heiligabend nach der Bescherung und dem Abendessen um Mitternacht zur Christmette, der *pasterka.* Da sind die Kirchen so voll, daß viele Gläubige draußen vor dem Kirchentor in der Kälte beten. Ansonsten wird gefeiert wie bei uns.

FESTIVALS UND FOLKLORE-VERANSTALTUNGEN

Januar–März

Zwischen *Nikolaiken, Lötzen* und *Angerburg* veranstalten die örtlichen Fremdenverkehrsämter bzw. die großen Hotels bei entsprechenden eisigen Temperaturen spannende *Pferdeschlittenrennen* bzw. *Wettfahrten mit Segel-Kufenschlitten.* Musikkapellen, Grog- und Glühweinstände umrahmen die Wettbewerbe.

Anfang März

Allensteiner Messe: die wichtigste masurische Handelsausstellung für das Baugewerbe und die Landmaschinen. Mit Viehschau und Volksmusik.

April/Mai

In vielen Dörfern Masurens werden auf den Marktplätzen *Akkordeon-Wettbewerbe* veranstaltet. Volkstänzer begleiten die Hobbymusiker.

23. Juni

Johannisnacht: Die kürzeste Nacht des Jahres wird besonders in der masurischen Landbevölkerung mit viel Gesang, Gebeten und Getränken gefeiert. In den Dörfern zünden die Bauern in Kreuzform gelegtes Strauchwerk an. Auf den Seen läßt man wagenradgroße Kränze mit einer großen Kerze schwimmen.

Ende Juni

Allensteiner Tage: Direkt neben dem Schloß auf der Freilichtbühne und ringsherum treten Musikgruppen auf, finden Umzüge und Ballonwettbewerbe sowie die Wahl der »Miss Folklore« (schönste Tracht) statt. *Poetische Woche Heilsberg:* Im *Lidzbarker Schloß* treffen sich jeden Abend Dichter, Kabarettisten und Rezitatoren zum Poetenvortrag.

Juli/August

Beinahe alle größeren masurischen Städte haben ihr eigenes

MARCO POLO TIPS FÜR FESTE

1 Picknick-Country-Festival
Einen internationalen Ruf hat das Rock-und Country-Music-Festival von Sensburg/Mragowo (Seite 29)

2 Orgelfestival in Heiligelinde
Fast jedes Sommerwochenende spielen bekannte Organisten in der Marien-Basilika von Heiligelinde/Święta Lipka (Seite 29)

3 Allerheiligen
Trauerprozessionen am 1. November mit Gedenkkerzen für die gefallenen Soldaten auf den alten Friedhöfen von Suwałki und Rastenburg (Seite 28)

4 St. Nikolaus
Ganz Nikolaiken ist am 6. Dezember auf den Beinen, um den Nikolaus zu treffen (Seite 29)

Sommerfestival (aktuelle Termine im örtlichen Hotel):

Das *Sensburger Folklore-Festival* bietet Trachtenumzüge, Volksmusik und Sangeswettbewerbe.

Die *Elbinger Tage* haben klassische Open-air-Konzerte, Jahrmarkt und Feuerwerk im Programm. ★ Am *Picknick-Country-Festival* von *Sensburg* nehmen nicht nur international bekannte Jazz- und Country-Gruppen teil, sondern auch einige tausend Hörlustige. Die ganze Stadt swingt und singt mit.

★ Das *Orgelfestival von Heiligelinde* zieht jedes Wochenende Tausende Kulturbegeisterte in die schönste und größte masurische Basilika.

September

Jan-Kiepura-Festival: Ende September kommen aus ganz Europa Opernstars, um im Theater und Schloß von *Kahlberg (Krynica Morska)* zur Erinnerung an den berühmten polnischen Tenor zu singen.

Oktober/November

Orgelfestivals: Auch die großen Kirchengemeinden von *Elbing, Frauenburg* und *Lötzen* veranstalten an verschiedenen Wochenenden international besetzte Orgelkonzerte.

29./30. November

Sankt Andreas: Alle jungen Masuren gießen am Abend des 29. November flüssiges Wachs auf Linoleum oder Plastikböden, um aus den Figuren die Zukunft vorhersagen zu können.

6. Dezember

★ *Nikolaus:* Im Geburtsort des heiligen Nikolaus, in *Nikolaiken,* feiern besonders die Kinder diesen Tag. Und der Nikolaus kommt tatsächlich mit einem Hubschrauber vom Himmel und bringt allen Geschenke.

Dezember

Allenstein, Elbing: Auf den Weihnachtsmärkten Prämiierung der schönsten Weihnachtskrippen.

Lebendige Stadt in schöner Natur

In der Hauptstadt von Masuren und Ermland trifft man noch an jeder Ecke auf das alte Ostpreußen

Erst 1999 wurde Allenstein zur Landeshauptstadt befördert. Denn durch eine neue politische Gebietsaufteilung in ganz Polen ist die neue *Woiwodschaft Olsztyn* (jetzt mit Elbing eingeschlossen) flächenmäßig zum größten Bundesland Polens aufgestiegen. Für ganz Masuren sowie für das halbe Ermland ist es ohnehin schon die wirtschaftlich wichtigste Region

Olsztyn ist mit seiner restaurierten Altstadt einen längeren Ausflug wert

mit der größten polnischen Reifenfabrik *(Stomil)* als wichtigstem Arbeitgeber.

ALLENSTEIN/ OLSZTYN

(114/B 4) ★ Die Landeshauptstadt Allenstein könnte mit ihren Patrizierhäusern, der Burg, den vielen Stadttoren und Backsteinkirchen auch in Mittelfranken oder Mecklenburg liegen. Aber der mittelalterliche Charakter der

---

Hotel- und Restaurantpreise

Hotels
Kategorie 1: über 130 DM
Kategorie 2: 80–130 DM
Kategorie 3: 25–80 DM

Die Preise gelten für zwei Personen im Doppelzimmer mit Frühstück pro Nacht.

Restaurants
Kategorie 1: über 30 DM
Kategorie 2: 15–30 DM
Kategorie 3: 8–15 DM

Der Preis beinhaltet ein dreigängiges Menü ohne Getränke.

Wichtige Abkürzungen

al.	*aleja* (Allee)	**ul.**	*ulica* (Straße)
jez.	*jezioro* (See)	**Zł.**	*Złoty*
pł.	*plac* (Platz)		

---

180 000-Einwohner-Stadt täuscht. Allenstein ist eine Industriestadt mit Möbelfabrik, Druckerei, Brauerei, mehreren technischen sowie landwirtschaftlichen Universitäten und wachsenden Touristenzahlen, vor allem ältere heimatvertriebene deutsche Urlauber.

Seinen Namen hat Allenstein von dem es durchfließenden Fluß *Alle (Łyna)*. Noch bevor es die Stadtrechte 1353 erhielt, hatte es ein Schloß. Eigentlich nicht so sehr als fürstlicher Sitz für Jan von Lajs gedacht, war das heutige Schloß vielmehr als eine polnische Wehrburg gegen den Kreuzritterorden gebaut worden. 1466 öffnete man die Wehranlagen bereitwillig den Truppen des polnischen Königs. Was dem architektonischen Zustand Allensteins gut bekam, denn man hatte so Frieden bis 1772, bis zur Teilung des polnischen Staates.

Einer, der dazu auch sein Scherflein beitrug, war Nikolaus Kopernikus. Der weltberühmte Astronom wohnte hier in der Burg von 1516 bis 1521 und verwaltete die bischöflichen Güter. Er arbeitete aber von ebendieser Burg aus auch an seinen Studien der Himmelskörper. Außerdem schrieb er eine Abhandlung zur Reform des Münzwesens, wonach alle Münzen das polnische Königswappen zeigen sollten. Er fertigte eine Landkarte vom Frischen Haff an, schrieb in bester polnischer Sprache ein Register der Ansiedler auf den bischöflichen Gütern und machte sich für die polnische Unabhängigkeit von dem Deutschen Orden stark. Am 16. November 1520 bat er in einem Brief den polnischen König um militärische Unterstützung gegen die Deutschritter: »… und alles tun würde, was sich für edle und ehrliche, der königlichen Majestät restlos ergebene Menschen geziemt, selbst wenn es sie ihr Leben kosten würde«.

Kopernikus, Burg und Allenstein widerstanden damals dem

MARCO POLO TIPS FÜR ALLENSTEIN UND UMGEBUNG

1 Allenstein/Olsztyn
In der Altstadt mit der prächtigen Ordensburg residierte der berühmte Astronom Nikolaus Kopernikus von 1516 bis 1521 (Seite 31)

2 Skilaufen
Rund um Allenstein gibt es im Winter wunderschöne einsame Loipen für Langläufer (Seite 37, 39)

3 Grunwald/Tannenberg
Das berühmteste Schlachtfeld zwischen Mittelalter und Neuzeit (Seite 39)

4 Osterode/Ostróda
Ein Zentrum für alle Arten von Wassersport mit hohen Sanddünen am See. Start und Ziel der Bootsfahrt auf dem legendären Oberländischen Kanal (Seite 42)

Eine der Wirkungsstätten von Nikolaus Kopernikus: Ordensburg in Olsztyn

Ritterorden. Aber nach 1772, spätestens jedoch mit der Erschließung durch die Eisenbahnlinie Berlin–Königsberg hundert Jahre danach, wurde Allenstein eine typisch preußische Garnisonsstadt mit allen architekturtypischen Gebäuden der Zeit: Gerichtsgebäuden sowie Postämtern, Hauptbahnhof und Kasernen. Seit dem Rückzug deutscher Truppen im Januar 1945 und dem Einmarsch russischer Soldaten ist Allenstein wieder polnisch. Aufgefrischt und hervorragend restauriert wurden die Bürgerhäuser in der Altstadt schon 1978 anläßlich des »Polnischen Erntedankfestes« (der Bundesgartenschau sehr ähnlich).

Während man Nikolaus Kopernikus auf Schritt und Tritt begegnet, weil überall Gedenktafeln und Statuen an sein Schaffen in Allenstein erinnern, gedenkt Olsztyn eines anderen berühmten Sohnes nur mit einer einzigen Steintafel: Erich Mendelsohn wurde am 21. März 1887 in der früheren *ul. Nadkoscielna* (heute *ul. Staromieska 8-10)* geboren. Der weltberühmte Architekt verbrachte hier seine Kindheit, studierte dann aber in Berlin und München. Besonders in den USA errang er mit seiner funktionellen Bauweise Weltruhm, aber auch in Potsdam (»Einsteinturm«). In seiner Heimatstadt Olsztyn erbaute er leider nur die Friedhofskapelle in der Zyndrama an der *ul. Maszkowice.* Erst 1997 wurde an Mendelsohns Geburtshaus eine Gedenktafel enthüllt.

Aus Stein erbaut, aber auf Wasser gebaut – auch dies ist Allenstein. Direkt durch die City führt der Wildwasserfluß Lyna, auf dem herrliche Stadtwanderungen per Paddelboot oder Kanu möglich sind (Verleih und Start beim Restaurant *Yo Grill Boro* in der Altstadt). Innerhalb der Stadtgrenzen befinden sich zehn Seen, die meisten auf dem Gelände des 1050 ha großen Stadtwaldes. Ein Naturparadies für Wanderer, Angler und Wassersportliebhaber. Der schönste Strand ist der

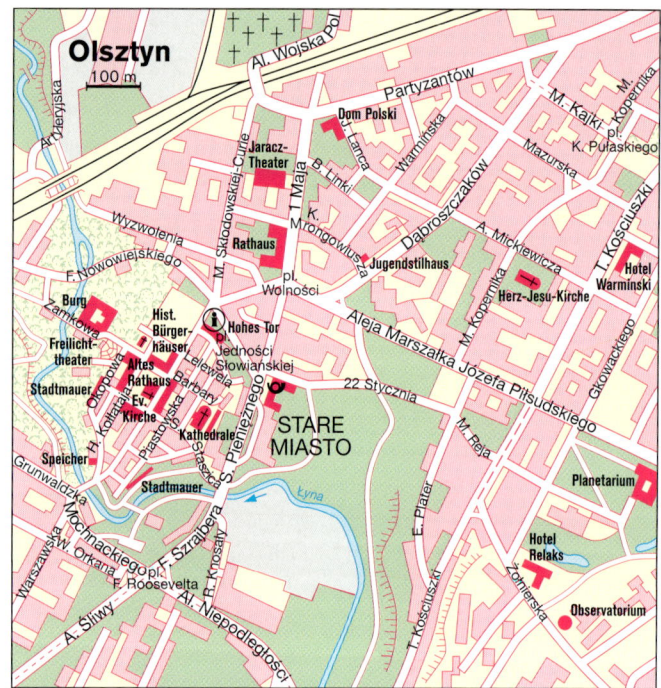

des Ukiel-Krzywe-Sees mit einem Kinderschwimmbad, Bootsverleih, Wasserski und einem gut ausgestatteten Campingplatz.

Allenstein liegt geographisch sehr gut auf den touristischen Routen. Von hier aus sind es nur 160 km nach Danzig, 215 km nach Warschau und 144 km nach Königsberg.

Daß Allenstein auch intellektuell ein weltweit beachtetes Zentrum dieser Welt war, beweist heute noch ganz aktuell ihr berühmtester Bewohner *Mikolaja Kopernika* – natürlich kein anderer als Nikolaus Kopernikus. Hier auf der Allensteiner Burg schrieb er nämlich vor rund fünfhundert Jahren seine berühmte Abhandlung über das Geld »De

aestimatione monetae«. Die wichtigste These davon heißt: »Schlechtes Geld verdrängt gutes Geld.« Nicht nur in Allenstein, und leider nicht nur zu Kopernikus' Zeiten …

BESICHTIGUNGEN

Altstadt

◆ Der von barocken Laubenhäusern umgebene Marktplatz heißt hier *Stare Miasto* (Altstadt) und drückt damit den zentralen eigenen Lagepunkt aus. An einzelnen Häusern sind Abbildungen von masurischen Dichtern und Musikern zu sehen. Im *Alten Rathaus* (17. Jh.) am Marktplatz befindet sich auch das Standesamt, fast täglich fahren hier Kutschen mit

Bräuten ganz in Weiß vor. In Polen heiratet man viel (aber die Scheidungsrate ist auch höher als in Deutschland). Gleich dahinter, aber noch vor den Resten der Stadtmauer, steht das *Hohe Tor (Wysoka Brama)*. Seit dem 14. Jh. das schönste von drei Stadttoren, auch schon mal als Gefängnis mißbraucht, ist es heute Sitz der PTTK (Polnische Gesellschaft für Tourismus und Landeskunde, *ul. Maja/Ecke ul. Lipka, Tel. 089/527 27 38)*.

Durch eine Gasse hinunter in Richtung Alle geht es zum großen Denkmal des großen Nikolaus Kopernikus. Dieses Denkmal wie die perfekt restaurierten Bürgerhäuser der sogenannten Marktstraßenfront sind die beliebtesten Fotomotive für die Besucher. Drei dieser Häuser besaßen übrigens schon im 18. Jh. statt einer Parterrewohnung eine Fußgängerpassage. Eine Ansammlung verschiedener Architekturstile können Sie in dem Quartal der Straßen *Mazurska, Warminska, Mickiewicza, Dabrowszczaków* und *Mrongowiusza* bewundern. Hier führt der Spaziergang durch ein Labyrinth von Hinterhöfen, Gärten und Passagen mit alten Handwerksläden.

Burgschloß

Der Beginn des Festungsbaus an einer Flußwindung der Alle war Anno 1348. Fertigstellung inklusive Eckbastei, Wehrgraben, Mauern sowie Südflügel erst 200 Jahre später. Der Ziegelbau imponiert durch seine großen Ausmaße, durch den hübschen Burghof sowie vor allem durch das prächtige *Kopernikus-Museum (ul. Zamkowa 2, Di–So 9–17 Uhr, Eintritt 4 Zł)*.

Um 1685, als das Kapitel von Warmia ihren Verwalter aus Allenstein abrief, verlor die Burg an Bedeutung. Danach war die *Zamek* u. a. Gefängnis, Altenheim und nach der Renovierung um 1910 sogar Wohnsitz des Regierungspräsidenten. Heutzutage finden hier sonntags regelmäßig kulturelle »Sonntage im Museum« statt, oft spielt das Kammerensemble »Pro Musica Antiqua«. *Ul. Zamkowa, Eintritt durch das Tor am Wall*

Jerusalemskapelle

Die im 16. Jh. erbaute *Kaplica Jerozolimska* zeigt heute noch den ursprünglichen, gut erhaltenen Altar, der schon 1970 als einzigartig und wertvoll in der Stadturkunde erwähnt wurde. Die Pilgerstätte war im 17. Jahrhundert ein Hospital für Leprakranke. Dank der Großzügigkeit von Piotr Poleski, einem Stadtratsherrn, wurde sie 1775 wieder als Kirche renoviert. Sehenswert sind das Altarkreuz von 1510 sowie drei Wandgemälde aus dem 17. Jh. *Ul. Grunwaldska, tgl. 9 bis 19 Uhr*

Kathedrale

Die *St.-Jakobi-Kirche* wurde im 14. Jh. in einem klassisch gotischen Stil erbaut. 1596 kam der 59 m hohe Turm dazu. Im Hauptschiff bestechen die Kristallgewölbe aus dem 17. Jh. Kunsthistorisch wertvoll sind die Altarfiguren des heiligen Andreas und des heiligen Jakob aus dem 15. Jh. Eine Attraktion der St.-Jakobi-Kirche *(Kosciól Sw. Jakuba)* sind die Haupt- und die Nebenorgel. Sie stammen aus der Meisterwerkstatt der Königsberger Firma Terlecki. Im Juli und August finden hier an jedem Wochenende Konzerte von Orgelspielern aus den USA, Japan, Deutschland und natürlich Polen statt. *Ul. Staszica/Ecke ul. Dlugosza, So vormittags kein Zutritt*

MUSEEN

Heimat- und Kopernikus-Museum

In der Ordensburg wurde ein wunderschönes Museum eingerichtet mit wertvollen Exponaten aus der Forschungsarbeit des weltberühmten Wissenschaftlers Nikolaus Kopernikus (1473 bis 1543). Besonders beachtenswert ist die astronomische Experimententabelle, die Kopernikus eigenhändig in Form eines Diagramms (140–705 cm) am Ende des Kreuzgangs über dem Eingang zu seiner damaligen Wohnstube zeichnete. Womit er den Äquinoktialpunkt bestimmen konnte, der zur Berechnung der tatsächlichen Jahreslänge notwendig ist. *Ul. Zamkowa 2, Di–Sa 9–17 und So 10–16 Uhr, Eintritt 4 Zł.*

Planetarium

Anläßlich des 500. Geburtstages von Nikolaus Kopernikus Anno 1973 eröffnet. Das größte und beste ganz Polens, mit riesigem Projektionssaal und einer Zeiss-Technik aus Jena, die alles zwischen Mond, Mars und Merkur zeigen kann. *Ul. Zwyciestwa 38, Di–So 10–18 Uhr, Eintritt 4 Zł.*

RESTAURANTS

Feta

Einheimische Küche mit nobler Einrichtung und Disko (ab 20 Uhr). *Ul. Zolnierska 43, Tel. 089/ 534 31 94, tgl. 12–4 Uhr, Kategorie 2*

Nowoczesna

Spezialität sind die Wildgerichte mit Kräutern und Beerenbeilage (nicht Bären!). Entsprechend ist das holzgetäfelte Restaurant mit ausgestopften Trophäen dekoriert. *Ul. Kosciuszki 49, Tel. 089/533 46 72, Kategorie 2*

Panorama

Das beste in der Stadt, mit herrlichem Blick aus dem Nobelhotel *Park,* internationale Küche. *Ul. Warszawska 119, Tel. 089/ 523 66 04, Kategorie 1*

EINKAUFEN

Galeria Sztuki

Echte und schöne masurische Handwerkskunst: Keramik, Puppen, Bernstein-Silber-Unikate sowie russische Ikonen. *Ul. Stare Miasto 1*

Trödelmarkt

Neben Korbwaren, alten Büchern und Kleidung auch Waren, die auf den »Russenmärkten« von Suwałki und Augustów angeboten werden. Nur daß es hier teurer ist, weil weiter von der GUS-Grenze entfernt. *Ul. Grunwaldzka, Di, Fr, Sa 10–16 Uhr*

ÜBERNACHTUNG

Kormoran

Direkt am Hauptbahnhof. Ruhige Zimmer, bewachter Parkplatz, Cocktailbar, Schönheitssalon etc., immer was los. *98 Zi., pl. Konstytucji 3 Maja 3, Tel. 089/534 58 64, Fax 533 61 95, Kategorie 2*

Novotel

Nomen est omen, nagelneu am Stadtrand, bietet das neue Hotel zwar allen Komfort, aber auch den

Charme östlicher Vorortarchitektur. Immerhin mit einem guten Restaurant (Grillgerichte). Sämtliche 87 Zimmer mit Sat-TV. *Ul. Sielska 4a, Tel. 089/527 40 81, Fax 527 54 03, Kategorie 1*

Eko-Tourist

Besonders auf kleine Bauernhöfe und Landhäuser spezialisiertes Reisebüro. Idyllisch gelegene Quartiere rund um Allenstein. Hütten bzw. Zimmer zu Übernachtungspreisen ab 10 Mark pro Person. *Eko-Tourist, ul. Mickiewicza 7, Tel. 089/527 70 72*

Camping

Am Ukiel-See. *Ul. Sielska 12, Tel. 089/527 12 53, nur Mai–Okt.*

SPIEL UND SPORT

Sämtliche Ausflüge für Kanuten, Segler, Angler, Wanderer oder Radler organisiert das Reisebüro *Mikelska, 10–595 Olsztyn, al. Pilsudskiego 7, Tel. 089/523 27 39.*

Fliegen

Masuren aus der Vogelperspektive können Sie per Rundflug oder Ballonfahrt erleben: *Aeroclub Mazursko, Preise je nach Länge und Zeit ab 100 Mark, ul. Sielska 34, Tel. 089/527 52 40, Fax 527 38 27*

Pferde

Die meisten Pferdezüchter leben rund um Allenstein. Urlaub auf Trakehnergütern vermittelt *Victoria Travel (ul. Wyzwolenia 31, Tel./ Fax 089/534 97 70)*. Kutschfahrten und Pferdeschlittenausflüge mit *Janusz Kojrys (ul. Wędkarska 93, Tel. 089/527 08 02)* oder direkt im *Marengo-Klub (ul. Hozjusza 14a, Tel. 089/523 84 61, Fax 523 84 43)*.

Wintersport

★ ☃ Skilaufen, Loipen, Schlittenfahrten, Eissegeln und Schneewanderungen sind der wirkliche Geheimtip im Winter für die dann nicht so zahlreichen Urlauber. Das Kontinentalklima sorgt für Schneesicherheit von Dez. bis Anfang April. In den tiefverschneiten Wäldern zwischen den sieben Allensteiner Hügeln hat man kleinere Abfahrten, aber vor allem endlose, einsame Skiwanderwege durch unverbaute Landschaft.

Am Winterende, wenn im April kein Schnee mehr fällt, feiern die Studenten der Allensteiner Universität ihre *Zakinada* und ertränken die Schneekönige in der Alle (und sich selbst in Bier und Wodka auch ein bißchen).

AM ABEND

Avanti

Bar mit schummrigem Licht, leiser Musik und Séparées. *Ul. Kolobrzeska 13, Di–So ab 10 Uhr*

Jocker

☃ In dieser Disko hottet Allensteins Jugend nach US-Musik. *Ul. Kołobrzeska, Mi–So 21–5 Uhr, Eintritt inkl. eines Getränks 10 Zł.*

Kinos

Awandgarda, ul. Stare Miasto 23, Tel. 089/27 28 27; Kopernik, ul. 1. Maja 2, Tel. 089/527 38 40

Pantomime

Ein klassisches Theater, für das man kein Polnisch verstehen muß. *Ul. Okopowa 15, Tel. 089/523 75 70*

Theater

Staatstheater *Panstwowy, ul. 1. Maja 4, Tel. 089/527 59 58*

Info Turystiki
*Ul. Pilsudskiego 7, Tel. 089/
523 27 39, Fax 527 74 47*

Urzad Miasta
Information im Rathaus, *pl.
Wdności 1, Mo–Fr 9–13 Uhr Tel.
089/527 24 94, Fax 53 57 76*

ZIELE IN DER UMGEBUNG

**Alt-Jablonken/
Stare Jabłonki   (114/A 4)**
Natur total an einem der längsten
(17 km) und gleichzeitig schmal-
sten (400–900 m) masurischen
Seen, dem *Schillingsee/Szeląg.*

Rund um das Dorf Alt-Jablon-
ken werden den Urlaubern vom
Öko-Pädagogen Krzysztof Ko-
walczyk (*ul. Stare Jabłonki 22, Tel.
089/647 14 33)* fünftägige Wanderungen durch die *Teufelsschlucht*
und durch den Naturpark *Kerns-
dorfer Höhe* bis zur alten Burg in
Arnsdorf/Domkowo organisiert.
Auf Wunsch der Gäste übernachtet man am Lagerfeuer im Wald;
Pilze sammeln und Angeln tagsüber als Verschnaufpause.

Etwas bequemer schläft es sich
in den *Campinghäuschen.* Das sind
kleine, schnuckelige Holzhäus-
chen mit zwei Schlafzimmern,
Küche, Kühlschrank und TV.
Mitten in einem dichten Laub-
wald am Schillingsee kann man
sie beim Campleiter Tomasz
Kluczewicz ab 10 Mark pro Tag
und Person mieten, außerdem
auch Paddelboote und Fahrräder
(*Tel. 089/641 14 22, Kategorie 3).*

Hingegen richtigen Sterne-
Luxus in Gottes freier Natur bietet das Hotel *Anders (47 Zi., Tel.
089/647 14 25, Fax 47 14 89, Kategorie 1).* Seine Direktorin Wanda
schwört auf den Charme des renovierten alten Gutshofes, heute
mit Tennis- und Volleyplatz,
Sauna, Billard, Mountainbikes,
Wildwasserfahrten etc. sowie einem sehr guten Restaurant (Wild
und Fisch!).

Auskunft: *AgroTourist, ul. Stare
Jabłonki 22, Tel. 089/647 14 33*

Deutsch-Eylau/Iława   (113/D 6)
Wer von Berlin mit dem Auto
über die N 16 gen Masuren fährt,
wird als erste schöne masurische
Stadt Deutsch-Eylau am südlichen Ende des riesigen *Geserich-
Sees (Jezioro Jeziorak,* 35 qkm groß)
entdecken. Im letzten Jahrhundert, als durch den Oberländischen Kanal der Geserichsee mit
der Ostsee verbunden wurde und
man durch die Eisenbahn auch an
die große Strecke Berlin–Tilsit
angebunden war, da erlebte die
Stadt eine wirtschaftliche Blüte
erster Güte: Holzwirtschaft, Brauereien und Handwerk boomten.

Im Zweiten Weltkrieg wurde
hier jedoch außer der gotischen
Pfarrkirche (14. Jh.) so ziemlich
alles zerstört. Die deutschen
Soldaten mordeten polnische
Kriegsgefangene, Massengräber
auf dem Gemeindefriedhof zeugen davon. Heute leben die rund
30 000 Iławer von Fertighausfa-
briken, Holzverarbeitung, Au-
toindustrie, Kartoffelverarbei-
tung sowie Segelyachtwerften.

Und immer mehr vom Tourismus. Die Infrastruktur rund um
die Stadt und rund um den See
bis hin zum 6 km entfernten
Schloß *Schönberg/Szymbark* ist
perfekt organisiert mit Boots-
anlegestellen für die »Weiße
Flotte«, mit Campingplätzen, Restaurants am Seeufer und guten
Hotels.

Grunwald, Mahnmal

Allen Komfort bietet das *Kormoran (30 Zi., ul. Chodkiewicza 3, Tel. 089/648 59 63, Fax 648 26 77, Kategorie 2)*, direkt am See.

Gemütlich familiär mit *Babas* guter Küche geht's im Hotel *Gallus* zu (*17 Zi., ul. Niepodleglosci 4, Tel. 089/648 34 14, Kategorie 3).*

Camping: direkt am Seeufer mit Sandstrand, Grillplätzen und Booten für Angler und Paddler (*ul. Sienkiewicza 9, Tel. 089/648 77 30).*

Abends geht man, wenn nicht ans Lagerfeuer, dann in den Nachtclub *Desperado (ul. Lubawska 5, Tel. 089/648 63 94).*

★ Im Winter sieht man oft mehr Skilangläufer als Hirsche in den Wäldern um Iława. Loipenausrüstung gibt's bei *LZS (ul. Kosciuszki 31, Tel. 089/648 25 92).*

Holzyachten bester Verarbeitung werden auf der Werft *Konkol* gebaut (*ul. Chodkiewicza 5, Tel. 089/648 64 03).*

Auskunft: *Rathaus, pl. Wolnosci 1, Tel. 089/648 31 22. PTTK, ul. 1. Maja 7, Tel. 089/64 18 23 74.* Wohnen beim Bauern: *Agro-Tourist, ul. Lubawska 3, Tel. 089/648 24 88, Fax 18 27 50*

Grunwald/Tannenberg   (114/A 5)

★ Eigentlich sieht hier alles trostlos aus. Wie frühere Schlachtfelder eben so aussehen. Viele Steine, viel wüste Leere, dazwischen vereinzelte Mahnmale, ein einsames Museum, gelegentlich ein Baum, auch ein Kiosk mit Bernstein. Wo Touristen kommen, da gibt's eben auch das »Gold Masurens«. Und hierher kommen sie von Allenstein die 43 km in südwestlicher Richtung alle. Warum dieser Doppelname für dieselbe Gegend? *Grunwald* ist für Polens Gloria der Inbegriff für die größte mittelalterliche und siegreiche Schlacht, in der am 15. Juli 1410 das vereinigte polnisch-litauische Heer die rund 50 000 Soldaten des Deutschen Ordens vernichtend schlug – was letztendlich gute hundert Jahre später zum Ende des preußischen Ritterordens führte. *Tannenberg* ist uns Deutschen aus den Geschichtsbüchern viel bekannter, weil dort Preußens Gloria unter der Führung von Generalfeldmarschall Paul von Hindenburg im August 1914 gegen zwei russische Armeen einen totalen Sieg feiern konnte. Der alte Reichspräsident von Hindenburg wurde denn hier auch nach seinem Tode 1934 in einem Mausoleum beigesetzt. Am Ende des Zweiten Weltkrieges sprengten deutsche Soldaten das Totenmal vor den anrückenden sowjetischen Soldaten, Hindenburgs Sarg wurde nach Deutschland überführt.

Womit heute am Schlachtfeld *Grunwald/Tannenberg* nur an den großen polnischen Sieg vor fast 500 Jahren gedacht wird. Sollten Sie einen der vielen Wegweiser dorthin verpassen und einen Polen nach dem Weg fragen müssen, so fragen Sie besser nach *Grunwald* – nicht wahr?

Das *Grunwald-Museum (ul. Stebark 1, Mai–Sept. tgl. 8–18 Uhr, Eintritt 4 Zł.)* zeigt Schlachtordnungen, Gedenktafeln und Kriegserinnerungen an den großen polnischen Sieg vom 15. Juli 1410, aber nicht den geringsten Hinweis auf Hindenburgs Sieg von 1914 an gleicher Stelle.

Ein gutes Restaurant in der Nähe ist das *Gallus (ul. Niepodległości 4, Tel. 089/518 38 14, Kategorie 3).*

Guttstadt/Dobre Miasto (114/B3)

〰 Fast alle 10 000 Guttstädter leben als Insulaner ganz idyllisch auf einer großen Flußinsel an der *Alle/Łyna.* Zeitweise standen die Bürger von Guttstadt unter preußischen Waffen. Berühmt ist die 26 km nördlich von Allenstein liegende Stadt heute wegen ihrer *Storchenbastei.* Denn auf diesem kleinen Burgturm gibt es seit Menschengedenken bereits Storchennester bzw. Störche zu sehen, und zwar alle Jahre wieder.

Noch sehenswerter ist allerdings die zweitgrößte *Kollegiatskirche* des ganzen Ermlandes (1376–89). Die dreischiffige rote Backsteinkirche wurde in Hufeisenform gebaut (60 m lang, 49 m hoch) und hat einen wertvollen Gnadenthron-Altar von 1504.

Kurz hinter der Ausfahrt von Guttstadt an der Landstraße nach Allenstein findet man gute, saubere und gemütliche Unterkunft im Bauernhof von *Anton Zmitrowicz (8 Zi., ul. Lubomira, Tel. 089/516 07 26, Kategorie 3).*

==Campingplatz:== Ohne Leitungswasser und Strom, aber mit Brunnen, natürlicher Quelle, direkt am kleinen See mitten im Wald außerhalb von Guttstadt, etwas für Romantiker. *Ul. Orzechowo 17, kein Tel., Juni – Sept.*

Hohenstein/Olsztynek (114/B5)

Auf dem Weg zum großen historischen Schlachtfeld Tannenberg kommt man 28 km südlich von Allenstein nach Hohenstein. Da in der 7000-Seelen-Gemeinde 1914 rund 70 Prozent aller historischen Gebäude zerstört wurden, gibt es außer einer zu einer Schule umgebauten Burg und Stadtmauerruinen nichts Besonderes, wenn da nicht Polens größtes und wirklich sehenswertes ethnologisches *Freiluftmuseum (ul. Sportowa 21, 15. April–Ende Okt. tgl. 9–17 Uhr, Eintritt 4 Zł.)* in Hohenstein wäre. Mit historischen, wieder aufgebauten Bauernhöfen, allen Typen mittelalterlicher Windmühlen, Schmiedewerkstätten und einer seltenen Sammlung von Totenglocken.

Restaurant: Direkt am Marktplatz ißt man im *Stylowa (ul. Rynek 2, Tel. 089/519 28 03, Kategorie 3)* frischen Fisch jeder Machart.

5 km östlich der Stadt liegt einer der größten Masurischen Seen, der *Pluszno.* Und hier befindet sich, eingebettet in dichtem Kiefernwald und direkt am Ufer mit eigenem Bootssteg, das Luxushotel *Kormoran (67 Zi., am Pluszno-See, Tel. 089/519 23 00, Fax 519 23 03, Kategorie 1),* früher die Nobelabsteige für die wichtigen Warschauer Politbonzen, heute für die urlaubenden Wander-, Jagd- und Angelfreunde, mit großem Hallenbad, von dem

aus beim Schwimmen der Blick auf den See geht (im Sommer badet es sich im klaren Pluszno angenehmer). Außerdem Tennis, Segelboote, Bar, Disko, Fahrräder und Billard.

Neidenburg / Nidzica (114 / B 6)

Wer von Warschau die große Nationalstraße E 77/N 7 gen Allenstein fährt, ereicht als erste masurische Stadt diese am Fluß Nida gelegene Ortschaft. Ein fast paradiesisches Plätzchen mit einem Stadtsee, einem großen Park, einem restaurierten Zentrum schöner Patrizierhäuser sowie einem Naturpark und bäuerlicher Seenlandschaft drumherum. Und hoch über den 12 000 Einwohnern neben der alten Metfabrik ragt die gotische ⚜ *Ordensburg* seit dem Jahre 1381 in den Himmel. Rot und trutzig ist sie in ihrem Backstein erstaunlich gut erhalten.

Hier lagerten schon polnische Offiziere (1410), schwedische Soldaten (1628), sogar für kurze Zeit die Tataren (1656) sowie die Kosaken (1813). Heute bietet die Burg ein Café, ein Restaurant sowie im Sommer mehrmals große Ritterspiele im Innenhof *(Turniej Rycerski)*, auf denen die Einheimischen sich mit Schwertern, Beilen und Bogen in alten Kostümen bekämpfen.

Hotel im rustikalen Stil: *Zamek (40 Zi., ul. Orzeszkowej 2, Tel. 089/ 625 24 48, Kategorie 2)*

Auskunft: *Rathaus, ul. Wolności 1, Tel. 089/625 22 26, Fax 625 21 70*

Ortelsburg / Szczytno (114 / C 5)

Diese Altstadt ist mit dem schönen Hamburg vergleichbar. Wie die Binnen- von der Außenalster, so trennt auch hier eine Hauptge-schäftsstraße *(ul. Sienkiewicza)* den kleineren vom größeren *Długi-See (Jez. Domowe)*. Ortelsburg liegt wie gemalt im sogenannten »Masuren der tausend Seen«. Seit neuestem besitzt sie mit dem Zivilflughafen einen Touristentrumpf. Die Stadt war im 19. Jh. das Zentrum der polnischen Freiheitsbewegung. Hier erschien auch die berühmte Zeitung »Masur« (1939 eingestellt). Heute ist Ortelsburg berühmt für seinen Flachsanbau. Hauptsächlich diese großen Handwerksbetriebe für Fäden, Seile und Stoffe geben den 25 000 Einwohnern Arbeit. Und am letzten Juli-Wochenende feiert die ganze Stadt alljährlich ihre in ganz Polen bekannten ✪ *Szczytno-Nächte* mit Freiluftkonzerten, Feuerwerk und folkloristischen Darbietungen.

Die mächtige *Ordensburg* von einst, aus dem 14. Jh., ist heute nur noch ein Haufen Trümmer, Mauern und Wälle. Doch wurde darauf zwischen dem Ersten und Zweiten Weltkrieg wieder eine Miniburg mit Backsteinturm gebaut, wo heute das Rathaus sowie ein interessantes Museum untergebracht sind.

Das *Museum* zeigt bäuerliche Wohnstuben aus dem 18. Jh., sehr seltene Kachelöfen und mittelalterliche Krüge *(ul. Sienkiewicza 1, April–Sept. Di–So 10–16 Uhr, Eintritt 4 Zł.)*.

Hotels: Das Hotel *Kania (28 Zi., ul. Linki 2, Tel. 089/624 35 51, Kategorie 3)* liegt wunderbar zentral am Rand der Altstadt, gut geführt, saubere Zimmer, kleine Bar. Das Hotel-Restaurant *Lesna (23 Zi., ca. 60 Mark pro Person, ul. Ostrołęcka 6, Tel. 089/624 32 46, Kategorie 2)* vor den Stadttoren wurde in einem früheren Forsthaus von dem Deutschen Norbert Zurbrüggen (leidenschaftlicher Jäger) renoviert und mit Drei-Sterne-Komfort urgemütlich eingerichtet. Beste masurische Küche, z.B. Rehgulasch mit roten Rüben oder Rote-Bete-Suppe mit Tortellini. Jagden, Angeln und Wanderungen werden organisiert. Am Wochenende Volksmusik live.

Camping und Hotel: *Krystyna (Ul. Zwirki, Tel. 089/624 21 69)* direkt am See, mit Bootsverleih, Angellizenzen und Restaurant.

Ausritte: Vorher wird beim Bauern im Heu übernachtet. Dann geht's für fünf Tage in den Sattel. Vom Dorf *Sasek Maly* bei Ortelsburg aus führt der Ausritt insgesamt 130 km durch die märchenhafte Seen-, Torfmoor- und Waldlandschaft. Übernachtungen in den romantischen Forsthäusern *Ciemna Dabrowa, Marksoby* und *Kobylocha.* Anmeldung bei *Tadeusz Piorkowski (ul. Sasek Maly 14, Tel. 089/624 12 60).*

Paddeltour: Start am nördlichen Ufer des *Sasek-Wielki*-Sees bei *Dzwierzuty* und dann 47 km über die Seenplatte auf dem Sasekfluß und durch schilfbewachsene Wasserläufe bis nach *Wielbark.* Begleitet von Schwänen, Wildenten, unterm Boot und hoffentlich an der Angel die Hechte, Barsche oder Brassen. Information: *Rathaus, ul. Sienkiewicza 1, Tel. 089/624 26 25*

Auskunft: *Orbis-Büro, ul. Zeromskiego 7, Tel. 089/624 24 62*

Osterode / Ostróda (114/A 4)

★ Wird dieses 33 000-Seelen-Städtchen nun »Masurische Perle« genannt, weil es zwischen drei Seen idyllisch eingebettet ist? Oder weil sich hier schon 1812 ein gewisser Napoleon auf seinem Feldzug gen Rußland länger als nötig aufhielt? Oder vielleicht, weil hier Start bzw. Ende der wunderschönen Schiffsfahrten auf dem berühmten *Oberländischen Kanal* ist? Egal – die Perle ist tatsächlich eine. Denn die Altstadt wurde mit viel

Im Zuge des Oberländischen Kanals fährt das Schiff auch über Land

Liebe wieder restauriert, auch die gotische Kirche aus dem 14. Jh. Und die 1370 erbaute *Ordensburg*, in mehreren Kriegen fast total zerstört, ist auch schon nahezu vollständig wieder aufgebaut.

Schiffsfahrten auf dem *Oberländischen Kanal* sind der große Hit in Osterode. In der Hochsaison fahren vom kleinen Hafen tgl. mehrmals die Schiffe der »Weißen Flotte« durch den Kanal. Die längste Tour geht um *8.05 Uhr* früh los und dauert den ganzen Tag. Die Fahrt geht über *Liebemühl/Miłomłyn – Maldeuten/Małdyty* bis nach *Elbing* (80 km). Teils auf Schienen über Land, ohne daß Sie aus dem Boot aussteigen müssen. Eine Traumfahrt über Wiesen, durch Urwälder und über weite Seen. Technisch eine Sensation. Die kleineren Ausflüge per Boot nach *Liebemühl* und *Eylau* (32 km) sowie nach *Alt Jablonken/Stare Jabłonki* (17 km) dauern nur einen halben Tag. Abfahrtspläne und aktuelle Preise im Kiosk am Hafen bzw. unter *Zegluga Ostrodzko-Elblaska* (Binnenschiffahrtsgesellschaft), *ul. Mickiewicza 9a, Tel. 089/ 646 38 71, Fax 646 42 46*

Übernachtungen: *Park Hotel (70 Zi., ul. 3. Maja 21, Tel. 089/ 646 22 27, Fax 646 38 49, Kategorie 2)*, das beste und am schönsten gelegene, nämlich direkt am See. Der historische Bismarckturm ist Attraktion der hoteleigenen Parkanlage. Tennisplätze, Badestrand, Restaurant, Sat-TV in den eleganten Zimmern mit bester Aussicht. Ein Erlebnishotel mit Kutschfahrt, Reitstall und Schloßgeist ist das herrschaftliche Schloßhotel *Karnity*, 10 km nordöstlich von Osterode (*30 Zi., Tel. 089/647 34 65, Fax 647 34 64,*

Kategorie 1). Jugendherberge: *Juni bis Sept., ul. Kosciuszki 14, Tel. 0898/646 25 63. Camping* neben den Sanddünen am See *(Juni bis Sept., ul. Slowinskiego 12, Tel. 089/ 646 21 64)*.

Restaurant: Gemütlich und gut können Sie im *Morlinianka* essen *(Di–So, ul. Jaracza 26a, Tel. 089/ 646 34 38, Kategorie 2)*. Berühmt für seine selbstgemachte Wurst. Die *Morliny*-Wurst gibt es in der Verkaufsstelle nebenan auch zu kaufen (frisch oder in Dosen).

Bars: *Jazz-Bar* in der *ul. Stepowskiego*. Und die *Monika* in der *ul. Olsztynska 5b*

Tourist-Info Dana, ul. Paula 3, Tel. 089/646 77 55, Fax 646 50 51

Wartenburg/Barczewo (114/C 4)

Hier sollten Sie ins Museum *Feliksa Nowowiejskiego (ul. Mickiewicza 13, April–Okt. Di – So 10 bis 14 Uhr, Eintritt 4 Zł.)* gehen, um Leben und Arbeit des berühmten masurischen Komponisten und Dirigenten Feliks Nowowiejski (1877–1961) zu studieren. Notenblätter zu seiner Oper »Baltische Legende«, Taktstöcke, Briefe, Porträts sowie sein Lieblingsflügel sind zu sehen. Die 15 km Ausflugsfahrt von Allenstein in das 6000-Seelen-Städtchen Wartenburg lohnt sich auch, um im Zentrum die gotische, dreischiffige *Andreaskirche (14. Jh.)* zu besuchen. Die reichen Danziger Kaufleute hatten hier im 16. Jh. für König Stefan Bartory ein sehenswertes marmornes Grabmal errichten lassen.

Ganz in der Nähe liegt das frühere *Franziskanerkloster,* seit 1810 eine Strafanstalt. Hier saß der frühere NS-Gauleiter Ostpreußens, Erich Koch, lebenslänglich bis 1986 ein.

Vom Ermland ins Masurische

Hier sind Astronomen, Historiker, Muschelsucher, Bernsteinsammler und Wanderer in ihrem Paradies

Deutsche Geschichtsschreiber würden sagen, man dürfe Elbing, das Ermland und Masuren nicht ohne Marienburg erwähnen. Wohl wahr, denn die berühmteste aller Ordensburgen, eben das um 1280 erbaute Hochschloß am Fluß Nogat, gilt als Entree, um das Ermland und die deutschpreußische Vergangenheit zu verstehen. Richtig ist auch, daß *Marienburg/Malbork* als früherer Sitz des Deutschen Ritterordens und mittelalterliche feste Burg gegen polnische Angriffe auch heute noch zu den schönsten gotischen Befestigungsanlagen ganz Europas zählt. Doch dieser Prachtbau, nur 33 km südwestlich von Elbing gelegen, mag zwar der wichtigste Ausgangspunkt für die Geschichte des Deutschen Ritterordens sein, kann aber in einem Reiseführer über Masuren mit gutem Gewissen nicht mehr berücksichtigt werden. Vom eigentlichen Masuren aus liegt Marienburg denn doch zu weit westlich. Dennoch

Zweiseitig meerumschlungen, ist das Frische Haff mit seinem Sandstrand eine einzigartige Naturlandschaft

werden Sie gleich hinter Elbing, dem Tor nach Masuren, noch genügend andere Deutschritterburgen entdecken.

ELBING/ELBLAG

★ **(112/C 3)** Der Elbinger hat schon sehr viel vom masurischen Menschenschlag, gemächlich-bedächtig, bauernschlau, listig, witzig und vor allem freundlich. Auf einem Spaziergang durch die Straßen der Großstadt (130 000 Ew.) ist es angesichts der klingelnden Trams, der hupenden Busse und des dichten Autoverkehrs gar nicht zu glauben, daß der Elbinger es trotzdem ruhig angehen läßt. Die Stadt boomt, Tourismus, Hafen und Handel bringen so viel Geld, daß die historischen Stadthäuser wie auch die Geschäftsstraßen durch Renovierungsarbeiten allmählich wieder stattlich werden. Elbing ist das letzte ganz große Handels-, Hafen- und Verwaltungszentrum vor der russischen Grenze. Das sogenannte »Tor nach Masuren« bietet eine Universität und Technikhochschulen, oberste Gerichte sowie einige kleinere Werften. Die Stadt mit dem gleichnamigen

Elbinger Fachwerkhäuser mit der Nikolaikirche im Hintergrund

Fluß hat Zugang über die große Ostseebucht nach Skandinavien und Rußland. Elbing ist via Eisenbahn an Danzig bzw. via Malbork an Warschau, also ans europäische Schienennetz angeschlossen.

Der Hafen schafft weitere wirtschaftliche Bedeutung: Als großes Handelstor gen Westen für die Masuren und als handelspolitisches Tor gen Masuren für die polnischen »Wessis« aus Stettin und Danzig. Im Sommer fährt tgl. ein Schiff nach Königsberg *(Touristik Elzam, 75 Mark, Tel. 055/234 81 11, Fax 232 40 83)*. Der Deutsche Orden errichtete hier schon vor 1000 Jahren eine mächtige Burg und verlieh der Hafenstadt im 13. Jh. zunächst die Stadt-, danach die Hanserechte.

In den nächsten Jahrhunderten gab es das übliche kriegerische Auf und Ab, jeder wollte die »Ostseeperle« für sich vereinnahmen: die polnischen Könige im 14. Jh., 1440 der Preußenbund, danach bis 1772 wieder die polnischen Könige. 1772 vergeblicher Widerstand gegen die starken Truppen Friedrichs II. Die Burg wurde später geschleift, die Stadt versank in bedeutungsloser Provinzialität. Doch der Vielvölkermix der verschiedenen Besatzungsnationen hat aus den Elbingern einen offenen und gastfreundlichen Menschenschlag gemacht.

Diese Gastfreundschaft ist insofern erstaunlich und bewundernswert, als gegen Ende des Zweiten Weltkriegs erst die Westmächte und dann die Russen das damals von Hitler-Deutschland beherrschte Elbing sehr stark bombardierten bzw.

zerstörten. Besonders der historische Stadtkern lag 1945 in Schutt und Asche.

Der Wiederaufbauwille des nun polnischen Elblag verhinderte glücklicherweise im Zentrum pseudomoderne Wohnsilos im Stil der Neuen Heimat. Im Gegenteil: Seit 1983 vollzog sich unter Aufsicht der Unesco sowie von Kunsthistorikern, Konservatoren und Architekten wie Jacek Bochenski ein phantastischer Wiederaufbau im Stil des Mittelalters. Nach den in Archiven entdeckten, alten Stadtbebauungsplänen und unter Berücksichtigung der historischen Straßenlinien wurden vom Elblag-Flußufer aufwärts bis zur *ul. Przymurze* sowie in nordsüdlicher Richtung zwischen *sw. Ducha/Wigilijna* und *ul. Walowa/Armii Krajowej* bis 1999 insgesamt 227 Bürgerhäuser Stein für Stein wiederaufgebaut.

Paradestück dieses historischen Wiederaufbaus soll Anno 2000 die Wiederherstellung des früheren Rathausgebäudes am Altmarkt *(Stare Rynek)* im Stil des 14. Jhs. werden.

Bei einem Bummel von etwa zwei Stunden können Sie die wertvollsten Patrizier-Neubauten bewundern. Die ganze südliche Front der *Wigilijna-Straße* ist schon wiederhergestellt. Im Haus Nr. 4 wurde die Renaissancefassade total rekonstruiert sowie ein erhalten gebliebenes Portal aus dem Jahr 1598 eingebaut. An der Ecke *ul. Wigilijna/ul. Kumiela* steht wieder das überhaupt älteste in den Stadturkunden vermerkte Bürgerhaus, das sogenannte *Schumanhaus* (14. Jh.) mit schachbrettartigem Fachwerk. Vom Altmarkt geht die *ul. Swietego Ducha* ab (früher *Heilig-Geist-Straße)*. Die Gebäude Nr. 10–12 beherbergen heute das *Ökumenische Diözesan-Museum* und zeigen eine restaurierte Barockfassade des 17. Jhs. Gleich nebenan in Nr. 13 sehen Sie eine prächtige gotische Fassade des 15. Jhs.

Diese Vielseitigkeit der historischen Stile wurde beim Wieder-

MARCO POLO TIPS FÜR ELBING UND DAS FRISCHE HAFF

1 Frisches Haff
Einsame Strände mit Muschel- und Bernsteinsuchern, klares Wasser. Badegelegenheit am offenen Meer wie auch auf der Haffseite
(Seite 52)

2 Elbing/Elbląg
»Das ermländische Tor zum masurischen Paradies«
(Seite 45)

3 Heilsberg/ Lidzbark Warmiński
Ein prächtiges, gut erhaltenes Bischofsresidenzschloß beherrscht das kleine mittelalterliche Städtchen
(Seite 54)

4 Frauenburg/Frombork
In dieser Stadt lebte Kopernikus am längsten
(Seite 51)

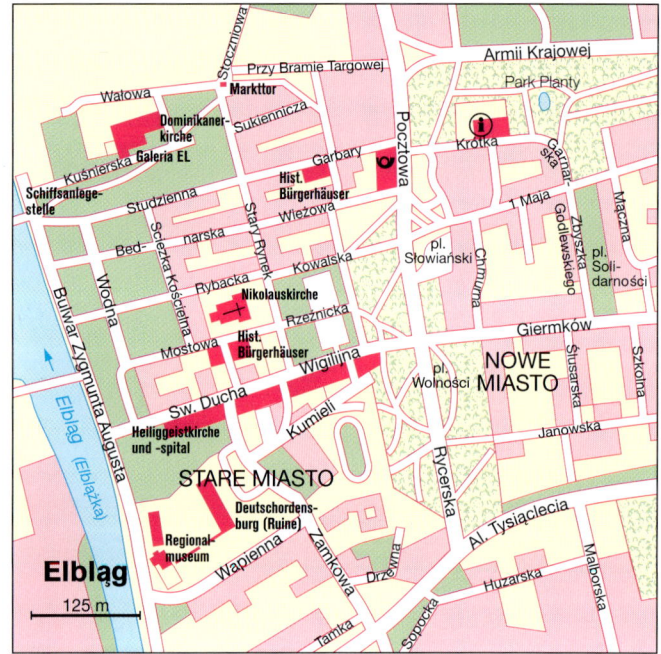

Map labels:
Armii Krajowej
Przy Bramie Targowej
Park Planty
Stocznowa
Wałowa
Markttor
Dominikaner-kirche
Sukiennicza
Poczowa
Krótka
Garbarska
Galeria EL
Garbary
Godlewskiego
Żbyrska
Kuśnierska
Studzienna
Hist. Bürgerhäuser
Wieżowa
1 Maja
Maczna
Schiffsanlege-stelle
Ścieżka Kościelna
Stary Rynek
narska
Bed-
Kowalska
pl. Słowiański
Chmurna
pl. Solidarności
Wodna
Rybacka
Nikolauskirche
Rzeźnicka
Giermków
Bulwar Zygmunta Augusta
Mostowa
Hist. Bürgerhäuser
Wigilijna
pl. Wolności
NOWE MIASTO
Słusarska
Szkolna
Św. Ducha
Kumieli
Janowska
Elbląg (Elbiążka)
Heiliggeistkirche und -spital
STARE MIASTO
Rycerska
Deutschordens-burg (Ruine)
Al. Tysiąclecia
Regional-museum
Wapienna
Zamkowa
Drzewna
Huzarska
Malborska
Elbląg
125 m
Tamka
Sopocka

aufbau der Altstadt auch in der *ul. Zamkowa* (früher *Burgstraße*) und in der *ul. Kumieli* erhalten. Auch die beliebteste Wohnstraße des Großbürgertums im 18. Jh., die *ul. Bednarska* (früher *Isaac-Spiering-Straße*) ist bis 1999 mit genau 28 neuen historischen Stadtpalästen bereichert worden. Alle typischen Giebelhäuser wurden mit alten Fenstergittern, historischen Holzbalkons und antiken Fenstern verschönt.

Das Schönste daran: Alle diese (Neubau-)Altbauwohnungen sind auf dem freien Markt käuflich. Außen historisch wertvoll, innen total modern mit allen notwendigen Installationen – viele Elbinger und auch einige heimwehfühlige Westdeutsche haben sich hier schon eingekauft. 1999 kostete der Quadratmeter Wohnfläche ca. 1000 Euro. Infos bei dem historischen Stadtbauamt *Starówka (82300 Elbląg, ul. Rybacka 23, Tel. 055/32 61 81).*

BESICHTIGUNGEN

Marienkirche

Heute finden hier keine Messen mehr statt. Die Kirche ist als eine Kunstgalerie und für kulturelle Veranstaltungen umgebaut worden. Kunstausstellungen, *Galerie El, ul. Linki 6, Tel. 055/ 232 53 86, Eintritt 5 Zł.*

Markttor

Erbaut 1309, drumherum in der *Wigiliastraße* und in der *Linkistraße* sehr schöne restaurierte Bürgerhäuser.

48

Nikolaikirche

Nur einen Steinwurf vom Elblag-Fluß entfernt und gleich hinterm Markttor überragt die St.-Niko-laus-Kathedrale mit ihrem 95 m hohen Backsteinturm die restaurierte Altstadt. Von der Mitte des 13. Jhs. bis zum Spätmittelalter war sie als Kathedrale mit drei Kirchenschiffen erbaut worden. Nach der Zerstörung 1945 wurden die Schiffe nur mit einer flachen Betondecke sowie einem dreifirstigen Dach erneuert. Im Innern bestechen wertvolle spätgotische Altäre sowie die Renaissance-Kanzel von 1588, außerdem das Triptychon von 1510 und das bronzene Taufbecken von 1387. *Ul. Mostawa, außer So und Feiertage, zu Messezeiten Besichtigung frei*

MUSEUM

Heimatmuseum

In dem ehemaligen Gymnasium aus dem Jahre 1533 sind wertvolle Möbel, historische Kostüme und Bücher aus der Ordenszeit ausgestellt. *Bulwar Zygmunta Augusta 11, Di–Sa 10–16 Uhr, Eintritt 4 Zł.*

RESTAURANTS

Piwniczna

Kleines, gemütliches Restaurant im Zentrum, einheimische Küche. *Ul. Krolewiecka 108, Tel. 055/234 39 46, Kategorie 2*

Slowianska

Regionale Küche mit Betonung auf Wild. *Ul. Krótka 5, Tel. 055/232 42 78, Kategorie 1*

EINKAUFEN

Galeria EWAN

Naive Malerei und echtes Kunsthandwerk. *Ul. Kolwalska 19*

Silber und Bernstein

Der Juwelier Lech Silwant führt ausgesuchte Ware bester Qualität. *Ul. 1. Maja 41*

ÜBERNACHTUNG

Elzam

Mitten in der Altstadt, mit Biergarten, Billardsalon, Sauna, Solarium, Fitneß und Disko im Keller. *112 Zi., pl. Slowianski 2, Tel. 055/234 81 11, Fax 232 40 83, e-mail mucha@ELZAM.com.pl., Kategorie 1*

Janowie-Palac

Ein renoviertes, 150 Jahre altes Rittergut, viele Reitpferde, Kühe und 200 Hektar Natur pur rundherum. Ein ökotouristischer Traum mit Vollpension (400 Zł. pro Woche/Pers.) und deutschsprachiger Leitung. *36 Zi., 82300 Elblag, Tel. 055/234 20 24, Fax 231 29 24, Kategorie 2*

Masuren

Woher stammt das Wort? Ursprünglich bezeichnete man die Bürger des Fürstentums Mazowsze (Masovien), der Gegend um Warschau, als »Mazur«. Diese aber reisten gerne nach Norden an die Ostsee, ihr Name zog ethnisch-geographisch mit ins heutige Masuren. Auch Siedler aus Litauen zogen hierher. Im Litauischen bedeutet *mazuras* »kleinwüchsiger Mensch«.

Viwaldi

Im Juni 1999 wurde mitten in der restaurierten Altstadt von Elbing ein kleines Luxushotel mit großem Komfort (inkl. ISDN-Anschluß) eröffnet. Nur 200 m von den Schiffsanlegestellen zum Haff und nach Königsberg bietet das Viwaldi Konferenz- und Billardräume sowie ein modernes internationales Restaurant. Jedes Zimmer mit Bad und Sat-TV. *19 Zi., Stary Rynek 16, Tel. 055/236 25 42, Fax 236 25 41, Kategorie 2*

Żulawy

Gemütliches Familienhotel, kinderfreundlich, an der nördlichen Ausfahrt nach Frauenburg. Mit Sat-TV und Nachtbar. *43 Zi., ul. Królewiecka 126, Tel. 055/234 57 11, Fax 234 83 38, Kategorie 2*

SPIEL UND SPORT

Tragflächenboote

Ausflüge nach Königsberg unternahm man von Elbing aus bereits 1828 mit dem Dampfschiff *Copernikus.* Auch nach Kahlberg, das 1843 offiziell Ostseebad wurde, fuhren Elbinger Sommerfrischler gerne mit dem Boot. Heute fahren in der Saison zwischen Juni und Oktober von Elbing täglich mehrere Tragflächenboote durch das Frische Haff in 75 Min. bis nach *Kahlberg/Lysa Górie* bzw. (mit Tagesvisums-Gästen) auch ins russische *Königsberg/Kaliningrad. Info: Biuro Lidia Watrak, Tel./Fax 055/232 76 77*

AM ABEND

Astoria

Tanzmusik für die Oldies. *Ul. Krolewiecka 95 a, Mi–So 20–4 Uhr, erster Drink 10 Zł*

Dramatisches Theater Elbląg

Das *Teatr Dramatyczny* ist über die ermländischen Grenzen hinweg berühmt für seine Aufführungen von Dostojewski bis Shakespeare in polnischer Sprache. Manchmal auch deutsches Tourneetheater. *Ul. Kazimierza Jagiellończyka 1, Tel. 055/234 45 31*

Kazanaty Club

Techno-Pop und Country-Live-Konzerte. *Ul. Grunwaldska 2, Do–So 21–3 Uhr, erster Drink 5 Zł*

AUSKUNFT

Städtisches Fremdenverkehrsbüro

Biuro Turystycznego, 82300 Elbląg, ul. 1. Maja 30, Tel. 055/232 73 73, Fax 232 73 73

Zimmervermittlung

Ul. Grunwaldzka 49, Tel. 055/232 70 11

Zugauskunft

Bahnhof Dworcowy, Tel. 055/23 32 75 55; Bahnhof Grunwaldzka, Tel. 055/232 43 00

ZIELE IN DER UMGEBUNG

Braunsberg/Braniewo (113/D 2)

Im 14. Jh. war Braunsberg (43 km nordöstlich von Elbing) ein wichtiges Handelszentrum mit einem großen Seehafen. Doch durch die Zerstörungen im Zweiten Weltkrieg sowie durch die angenäherte neue russische Grenze (13 km nördlich) haben die rund 17 000 Einwohner in der ehemaligen Bischofsstadt eher eine ländliche und handwerkliche Beschäftigung denn Industrie (früher Papier und Buchverlage). Gleich hinter dem Dom das gemütliche *Hotel Warmia (ul. Gdan-*

Ein schöner Ort, um innezuhalten: Dom in Frombork

ska 44, Tel. 055/243 39 07, Fax 243 20 29, Kategorie 3). In der Altstadt wurde ein Teil der Stadtmauer restauriert, in der Neustadt die spätgotische *Dreifaltigkeitskirche.* Außerdem sind der *gotische Turm (14. Jh.)* und die Ruinen des *Bischofsschlosses* eine Besichtigung wert.

Frauenburg/Frombork (113/D 2)

⭐ Ein kleiner Ort mit 3000 Einwohnern am Frischen Haff, ein frisch renovierter Bootshafen (Bugtiefe bis 3 m), eine mächtige Burg und ein berühmter Mann, der hier mit kurzen Unterbrechungen von 1512 bis zu seinem Tode 1543 gelebt hat und auch beerdigt ist. Ihm zu Ehren wird Frauenburg in Polen auch die »Kopernikus-Stadt« genannt. Denn der Forscher, Wissenschaftler, Arzt, Astronom und Verwaltungsbeamte Nikolaus Kopernikus prägte diesen Ort über 30 Jahre hinweg als einflußreicher Domherr. Er war Pole, katholisch und kritisch. Geboren am 19. Dez. 1473, als Frauenburg schon 150 Jahre lang die Stadtrechte besaß und die gotische *Backsteinkathedrale* auch schon 100 Jahre lang hoch über dem Weichselhaff gen Himmel ragte.

Nikolaus Kopernikus, der sich vor 1512 auch als Kustos, Verwaltungsbeamter und Propst in anderen ermländischen und masurischen Städten aufhielt, schrieb seine Himmelsbeobachtungen meist in Latein, aber auch in Polnisch auf. Zeitweise kämpfte sein Herz mehr gegen den Deutschen Ritterorden denn für die Sterne. Die bedeutendste seiner Schriften veröffentlichte er erst in seinem Todesjahr. Sein Werk »De revolutionibus orbium coelestium, libri IV.« handelte von der »Umdrehung der Himmelskörper« und startete damit die geistig-naturwissenschaftliche Revolution der Neuzeit. Eigentlich war es ein Skandal, daß er seine Theorie, die Erde bewege sich um die Sonne, auch noch Papst Paul III. widmete. Denn die kirchliche Erkenntnis in Rom drehte sich damals nur um die Erde, also hatte sich die Sonne gefälligst auch um Rom als Weltzentrum zu drehen.

Kopernikanisches Glück, daß die Inquisition den ermländischen Ketzer nie erreichte. Galileo Galilei (1564–1642) mußte später dann erst sein Leben riskieren, um exakt auf der Lehre von Kopernikus seine endgültigen Beweise bezüglich der Himmelsgestirne aufbauen zu können. »Und sie bewegt sich doch« – dieser weltumgreifende Satz ist also eigentlich in dem Frauenburger Südwestturm des Doms geboren, von wo aus Kopernikus mit selbstgebauten Geräten den Himmel abtastete.

Vom Haff aus wirkt der *Frauenburger Dom* allmächtig, beherrscht den Ort und die Landschaft. Aber in direkter Nähe erscheint die Backsteingotik eher lieblich und verspielt. Vor der Kathedrale beherrscht ein Kopernikus-Denkmal den Platz. Wertvolle, geschnitzte Altäre und eine große Orgel mit über 3000 Pfeifen schmücken das Innere des Doms. *(Kleinere Orgelkonzerte fast jede zweite Stunde, Besichtigung Di–Sa 9.30–16 Uhr)*

Auf der Kathedralenanhöhe im alten *Bischofspalast* befindet sich das *Kopernikus-Museum (Di bis So 10–16.30 Uhr, Eintritt 5 Zł.)* mit den alten astronomischen Geräten, Skizzen und Aufzeichnungen. Der ☀ *Kopernikus-Turm* (phantastische Aussicht!) und das *Planetarium* sind *tgl. von 9–16.30 Uhr* geöffnet. *Vorführungen im Planetarium um 10.30, 12.30, 14 und 15.30 Uhr (ul. Katedralna 12)*

Übernachtung: das *Stoneczny-Kopernik (34 Zi., ul. Kościelna 2, Tel. 055/243 72 85, Kategorie 2)* ist ein gutgeführtes, familienfreundliches Mittelklassehotel. Das Gästeheim *Tourist (ul. Krasickiego 3, Tel. 055/243 72 11, Kategorie 3)* vom PTTK hat 27 preiswerte Mehrbettzimmer. Der Campingplatz *Frombork (ul. Braniewska 14, Tel. 055/243 73 68)* am Ortsausgang Richtung Grenze bietet sämtlichen Komfort für Zelter und Caravans.

Und warum nicht einmal in einer Jugendherberge mit guter Hausmannskost übernachten? *Ul. Elblaska 11, Tel. 055/43 74 53, Kategorie 3*

Auskunft: *PTTK-Büros* in der *ul. Krasickiego 2, Tel. 055/243 72 52,* und in der *ul. Katedralna 14, Tel. 055/243 73 52*

Frisches Haff / (112/C 2–3, 113/D 2) Weichsel-Nehrung / Zalew Wiślany

★ Dieses schmale Handtuch, das sich da zwischen dem beliebten Badeort *Bodenwinkel/Kąty Rybackie* (**112/C 2**) und der russischen Grenze bei *Piasken/Piaski* über 32 km Länge in einer durchschnittlichen Breite von nur 650 m (!) mit ununterbrochenem feinen Sandstrand und zweiseitig meerumschlungen entlangzieht, wird nicht nur *Frisches Haff,* sondern auch *Frische Nehrung* bzw. *Weichsel-Nehrung* genannt. Genaugenommen ist das Haff der Binnensee, der durch eine Nehrung von der Ostsee getrennt ist. Der dünensandige, teilweise bewaldete Damm, der das Frische Haff von der Ostsee trennt, wird an drei Stellen von der Weichsel unterbrochen. 60 km nördlich von Elbing und nur 18 km von der russischen Grenze entfernt bildet *Kahlberg/Krynica Morska* (**112/C 2**) mit den Untergemeinden *Pröbbernau/Przebrno* sowie *Piasken/Piaski* mit zusammen gerade einmal 2000 Einwohnern die

Hauptstadt und das Herz dieser einzigartigen Naturlandschaft.

Von weitem schon überragt der rotweiße Leuchtturm die Dünenflächen. Unten am Hafen reihen sich prächtige Herrschaftsvillen der Jahrhundertwende aneinander, die heute noch von der Grandezza eines ehemals berühmten Ostseebades künden. Bereits im 19. Jh. hatten besorgte (und betuchte) Elbinger Kaufleute die Nehrung aufforsten lassen, um dann mit dem Hotel *Belveder* 1843 die ersten Nobeltouristen aus Danzig und Königsberg begrüßen zu können. Seitdem hat dieses Urlauberparadies mit den endlosen Stränden und dem leichtlebigen Balanceakt zwischen den Wassern mit Ausnahme der Kriegszeiten nur Zeiten der Hochkonjunktur erlebt. Waren es Anno 1903 erst 2152 Sommergäste, so 1913 schon 5000.

In der Vergangenheit wurde bereits in zwei Kläranlagen und (1995) sogar in ein Hallenbad investiert. Auf der ✝ Promenade trifft man Skandinavier, Deutsche und natürlich viele Danziger und Elbinger Sommerfrischler. Zwischen Cafés an der Mole, Restaurants am Yachtclub und abendlicher Diskoszene ist hier in der Hochsaison auch für lebenslustige Wessis richtig was los. Mal ganz abgesehen vom familienfreundlichen Strandleben – auch das ist nicht mehr so wie noch 1913, als endlich der hohe Bretterzaun am Strand entfernt wurde, der über 80 Jahre hinweg die männlichen von den weiblichen Badegästen getrennt hatte. Getrennt sonnen, getrennt baden, getrennt duschen – so streng waren einst in Kahlberg die Zeiten.

Restaurants: Das *EB (ul. Zolnierzy 6, Tel. 055/243 60 78, Kategorie 3)* ist ein gemütlicher Biergarten im Kiefernwald mit preiswerter Normalkost. Das *Bistro Mierzeja (ul. Świerczewskiego 2, Tel. 055/243 60 90, Kategorie 3)* serviert kleine Fischgerichte. Das *Morska (ul. Bosmańska 1, Tel. 055/247 60 17, Kategorie 2)* bietet eine ausgezeichnete Küche mit frischem Fisch.

Übernachtungen: Zimmervermittlung *Biuro Zakwaterowan, ul. Gdańska 25, Tel. 055/243 61 55.* Die Pension *Albert (ul. Gdańska 95, Tel. 055/247 66 58, Kategorie 3)* ist ein gut geführtes Familienunternehmen mit gemütlichem Speisesaal, gepflegtem Garten, Liegestühlen und Sat-TV in den 17 Zimmern. Das *Hotel Bogdanka (34 Zi., ul. Portowa 7, Tel. 055/243 62 00, Kategorie 2)* hat Zugang zur Haffseite wie auch zum Ostseestrand sowie ein nettes Restaurant.

Gut ausgestattete Campingplätze direkt am Meer sind *Pole Campingowe (ul. Marynarzy 71, Tel. 055/243 61 26)* sowie der *Biwakowe Nr. 181 (Tel. 055/243 61 13)* in *Piasken* kurz vor der Grenze.

Gemütlich die Cafébar *Samanta (ul. Gdańska 71).* ✝ Schon ab *21 Uhr* ist in den Diskos *Boss (ul. Korczaka)* und *Parnas (ul. Gdańska 23)* für Jungurlauber Nahkampf angesagt. Ziemlich spät wird auch in der Hafenbar *Taverna Jachtowa (ul. Bojerowkow 1)* ein letzter Absacker serviert.

In der Hochsaison täglich von der Mole aus einstündige *Rundfahrten* übers Haff bzw. in 90 Min. nach Frauenburg (*ul. Górnéków 31, Tel. 055/243 60 76*)

Bootsverleih von Segelyachten und Motorbooten (auch für

Hochseeangler) im *Yachtclub (ul. Bójerów 1, Tel. 055/243 60 99)*

✪ Ein wirklich naturschöner Wanderweg führt von *Bodenwinkel* aus zunächst durch ornithologisches Schutzgebiet (Kormorane und Silberreiher), dann durch Kiefernwälder und über Dünen, meist an der Seeseite entlang, bis nach *Kahlberg.* Das Meeresrauschen ist gratis, der gefundene Bernstein auch. Finderlohn ist fast garantiert nach einem mittleren Sturm und aufgewühlter See. Auskunft: *82120 Krynica Morska, ul. Lotników 9, Tel. 055/247 61 11, Fax 247 65 27, und in 82130 Stegna, ul. Gdanska 36a, Tel. 055/247 83 98*

Heilsberg/
Lidzbark Warmiński   (113/F 3)

★ Die 95 km Fahrtstrecke von Elbing in östlicher Richtung über die Dörfer lohnen sich. Denn auch diese heute etwas verschlafen wirkende 16 000-Seelen-Ortschaft mit den mittelalterlichen Gassen, fischreichen Seen ringsherum und viel bäuerlichem Hinterland hatte ihre große kopernikanische Zeit wie auch zuvor schon im 14. Jh. als »Stadt der Bischöfe« eine überragende architektonisch-kulturelle Ausstrahlung. Der Sitz der Bischöfe von Ermland/Warmia war von 1350 bis 1772 die als Festung erbaute Ordens- oder Bischofsburg. Wo früher nur eine kleinere hölzerne Burg stand, da erbaute Johann von Meissen zwischen 1350 und 1373 eine mächtige Wehranlage mit Burg, Mühlen, Werkstätten und Archiven sowie Kommandantur, ringsherum Wassergräben, Kreuzgänge und Festungsmauern. Feine gotische Architektur im großen Viereck. Noch heute, nach

Einstiger Sitz der Bischöfe von Ermland: Burg in Lidzbark Warmiński

mehrfacher Renovierung, gilt die Burg als Kulturdenkmal von Unesco-Weltgeltung.

Hier lebten und arbeiteten als Bischöfe einige der bedeutendsten polnischen Schriftsteller und Geschichtsschreiber. Einer von ihnen, Bischof Lukasz Watzenrode (1489–1512), war nicht nur enger Berater dreier polnischer Könige, sondern zufällig auch noch leibhaftiger Onkel von Nikolaus Kopernikus. Diesem kunst- und kulturbeflissenen Onkel verdankt es die Welt, daß Nikolaus gefördert und protegiert wurde. Onkel Lukasz hatte beste Beziehungen und schickte seinen Neffen auf die Uni nach Bologna zum juristischen Studium. Hernach, von 1503 bis 1510, kehrte Kopernikus als Domkapitular nach Heilsberg zurück.

Aber die Bischofskarriere, die Onkel Lukasz für seinen Neffen vorprogrammiert hatte, interessierte den jungen Nikolaus nicht. Immer mehr widmete er sich dem Studium der Himmelskörper. Um sich dem mächtigen Einfluß seines Onkels zu entziehen, zog er deswegen im Jahr 1510 nach Frauenburg.

Die *Schloßkapelle* gilt kunsthistorisch als das wertvollste Bauelement der gesamten Bischofsfestung. Wunderschön restaurierte Fresken aus dem 14. Jh., ein Sternengewölbe aus dem 15. Jh., eine hübsche Rokokokanzel sowie ein prächtiges Marmorportal schmücken die Kirche.

Ein sehr gut geführtes Hotel mit einem Spitzenrestaurant und gemütlichen Zimmern liegt etwas außerhalb von Heilsberg in freier Natur: das *Pod Klobukiem (66 Zi., ul. Olsztynska 4, Tel. 089/767 32 91, Kategorie 2)*. Im Sommer mit Ausreiten und Wanderungen, im Winter mit Loipe und Pferdeschlitten.

Gut und reichlich essen können Sie im *Restauracja Etna (ul. Wyszyńskiego 22, Tel. 089/767 37 91)*. Spezialitäten sind Kuttelsuppe und Fisch. Das *Kopernikus-Museum* in der Schloßfestung ist *tgl. 9–15.30 Uhr geöffnet (Eintritt 5 Zł.)*.

Auskunft: *Turystyczna, ul. Konstytucji 3 Maja, Tel. 089/767 2451*

Einen kleinen Abstecher von Heilsberg aus 20 km über die N 51 gen Norden nach *Bartenstein/Bartoszyce* sowie 20 km südlich nach *Guttstadt/Dobre Miasto* sollten Sie sich jeweils erlauben. Bartenstein wegen seines Stadttores und der Pfarrkirche, Guttstadt wegen seines »Storchenturms«, der so heißt, weil hier schon seit einigen Jahrhunderten ein Storchennest jeweils von April bis September von Meister-Adebar-Generationen besucht wird.

Mohrungen/Morąg (113/D 4)

Ein kleiner, schön restaurierter Stadtkern rund um das hübsche gotische Rathaus erfreut nicht nur die 13 500 Bewohner von Mohrungen. Viele Besucher aus Elbing kommen über die N 7 in Richtung Osterode und biegen nach Osten ab, um die Geburtsstätte des hier 1744 geborenen deutschen Philosophen Johann Gottfried Herder zu besuchen. Eine Gedächtnistafel und eine Büste beim Rathaus erinnern an den großen Denker. Außerdem hat – mit vielen Schriften und Bildern – das *Herder-Museum* in dem renovierten Dohna-Palast im Stadtzentrum wieder geöffnet (*Di–Sa 10–13, 15–18 Uhr, Eintritt 4 Zł.*).

Nur drei km von Mohrungen liegt einer der schönsten, saubersten und größten Seen des westlichen Ermland-Masuren, nämlich der ✹ *Narie-See.* Hier werden Zander, Aale, Brassen oder Hechte geangelt, hier wird gepaddelt, gesegelt oder gesurft. Und hier erzählen die alten Fischer die Sagen von der »Liebesbucht«, von der »Alten Hexenhütte« und den verborgenen Schätzen unter den Grabhügeln der Narie-Insel.

Preiswerte Unterkünfte entweder auf dem *Campingplatz* oder in den Sommerhäuschen des Sportzentrums *Sportu Moragu (ul. Żeromskiego 36, Tel. 089/767 26 68)*.

Oberländischer Kanal/Kanał Elbląski (112–113/C 3–4, D 4–5)

Seit dem Mittelalter war es ein Traum reicher Kaufleute zwischen Allenstein und Elbing, den Fluß Drewenz in Richtung Ostsee mit den oberländischen Seen über den Drausensee bis nach Elbing zu verbinden. Ein Kanal mußte her für die Holzwirtschaft vor allem, für den Handelsgüter- und Personenverkehr insgesamt. Der Königsberger Ingenieur Georg Steenke arbeitete an den Plänen von 1837 bis 1844. Immer wieder machte ihm das Gefälle zwischen dem Pinnau- und dem Drausensee zu schaffen. 32 Schleusen wären hier notwendig gewesen. Erst eine Besichtigung des Morriskanals in den USA brachte Steenke die Erleuchtung. Und eine Privataudienz bei Preußens König Friedrich Wilhelm IV. brachte endlich auch das Geld. 1848 konnte der Bau der technisch einmaligen Anlage beginnen, 1860 war der Kanal fertig, er hatte drei Millionen Goldmark gekostet.

Die technische Weltsensation bestand nicht nur im Senken verschiedener Seen (der Wasserspiegel des Pinnau-Sees z.B. um 5,363 m!), im Bau von Schleusen und Aquädukten, sondern vor allem darin, daß man fünf sogenannte schiefe Ebenen auf dem Trockenen erfand, in Europa bis heute einmalig: Zwischen dem Pinnau- und dem Drausensee fahren die Passagierschiffe tatsächlich über Land. Der Höhenunterschied von 99,5 m zwischen *Buchwald/Buchlas* und *Neu-Kußfeld* wird über Schienen, teils über Wasser, teils durch grüne Wiesen und dichte Wälder zurückgelegt. Manchmal ist der Kanal nicht viel breiter als das Schiff, und die Bäume streicheln die Urlauber auf dem Oberdeck. Durch Wasserkraft

angetriebene riesengroße Radwerke ziehen die 24 m langen Kanalschiffe per Seil über Land. Wer hier noch seekrank wird, ist selber schuld.

Dieser einmalige und einmalig teure Oberländische Kanal hat insgesamt eine Länge von 127,5 km. Der hauptsächlich von Ausflugsschiffen, Paddlern und Kajakfahrern befahrene Teil jedoch ist der von *Elbląg* nach *Osterode* über 80,4 km.

Übrigens – ziemlich bald nach Fertigstellung wurden zwischen Elbing, Osterode und Allenstein die ersten Eisenbahnschienen verlegt. Bald war der Kanal nicht mehr von Handelsschiffen befahren, weil die Dampflokomotiven der Reichsbahn die Güter billiger transportierten. Das ist gerade mal 130 Jahre her. Heute transportiert die Eisenbahn unrentabler als die Lastwagen – und wie sieht es morgen aus?

Der Kanal wird heute also nur noch von Passagierschiffen und Wassersportlern befahren. Paddler und Kajakfahrer sollten von der Anlegestelle (*ul. Radomska 6, Tel. 055/232 67 20*) starten. Von *Elbing* fährt ein Passagierschiff *zwischen Juni und Sept. tgl. (sonst 2- bis 3mal wöchentlich)* um 8.05 Uhr früh ab. Fahrzeit etwas über zehn Stunden für die ganze Strecke, Rückfahrt mit Bus ca. eine Stunde. Auskunft und Buchungen bei der *Zegluga Masurska Elblaska-Ostródzko*-Schiffahrt im Hafen (*Bulwar Zygmunta Augusta 1, Tel. 055/232 43 07*).

Oder im Zentrum von Elbing (*ul. Panienska 14, Tel. 055/232 43 07*) bzw. in Ihrem Hotel oder Reisebüro. Die Preise variieren je nach Länge und Saison zwischen 30 und 60 Mark pro Person.

Talmicken/Tolkmicko (113/C 2)

Kleine Fachwerkhäuser, elegante Herrensitze, ringsherum edle Pferdegestüte und dazu noch das binnenseitige Haff im Blick – es ist verständlich, warum Talmicken und seine Umgebung der beliebteste Sommerzufluchtsort für den letzten deutschen Kaiser aus Berlin war, für Wilhelm II. Er residierte damals in seinem Schloß, 18 km nördlich von Elbing, kurz vor dem idyllischen Küstendorf.

Diese Kaiserresidenz wurde nach dem Zweiten Weltkrieg bei gleichzeitiger Erhaltung aller historischen Elemente zu einem prächtig-ländlichen Hotel umgebaut, dem *Kadyny Palace (67 Zi., Tel. 055/231 61 20, Fax 231 62 00, Kategorie 1)*. Fünf-Sterne-Luxus mit antikem Mobiliar, Tennis, Sauna, Pool, Biergarten und Nobelrestaurant.

Direkt neben dem Hotelpark grasen die polnischen Trakehnerpferde. Es sind über 150 reinrassige Araber bzw. die Rassen »Malopolska« und »Wielkopolska«, die hier zu dem wohl größten masurischen *Gestüt Talmicken* gehören.

Reitunterricht und Ausflüge ins Haff werden über das Hotel bzw. unter *Tel. 050/231 31 26* angeboten.

Die »Ferien im Sattel« sollten Sie bereits von Deutschland aus richtig organisieren. Denn es gibt große und kleine Trakehnerpferde für große und kleine Gäste. Der Service beschränkt sich übrigens nicht nur auf Unterricht bzw. auf die wildromantischen Ausritte im Haff. Im Hof und Park von *Kadyny* werden auch Picknick, Kinderfeste und kleinere Reitturniere veranstaltet.

Ein weiteres großes Trakehner-Zuchtzentrum mit angegliedertem Reitstall ist das staatliche Gestüt *Milosna* im Elbinger Ermland bei *Kwidzyn (82500 Kwidzyn, ul. Milosna, Tel. 055/231 39 58)*.

Trakehnergestüt und Hohenzollern-Schloßhotel in Kadyny

Geschichtsträchtige Region für Touristen und Pilger

Einst wurden hier Bären gejagt, baute Adolf Hitler sein Hauptquartier. Bis heute pilgern Gläubige zu einer heiligen Linde

Diese Region zeigt nur einige wenige kleine Seen auf, hat dafür aber eine ganze Palette von wichtigen historischen Plätzen vorzuweisen: unter anderen Hitlers »Wolfsschanze« bei Görlitz/ Gierłoż, aber auch eine berühmte Burg des Ritterordens.

RASTENBURG/ KĘTRZYN

★ **(115/D 2)** Die 34 000 Einwohner große Stadt Rastenburg liegt an keinem See, sondern umschließt einen in seiner Mitte. Der *Miejskie-See* wie auch der sich an der Stadt entlang schlängelnde Guber-Fluß (Nebenarm der Alle) und natürlich die imposante Burg geben der im Zweiten Weltkrieg nur teilweise zerstörten Ortschaft ein romantisches Ambiente.

Ziel eines historischen Wallfahrtsweges: die Kirche Święta Lipka

»Rasten« alleine wollten die Deutschen Ritter hier nicht nur, sie wollten auch in Ruhe genießen, und so bauten sie sich um 1329 eine Burg. Der Name war somit gegeben, die hölzerne Burgbefestigung allerdings zerstörten die Litauer schon 1345. Woraufhin die Kreuzritter bis 1370 eine steinerne Befestigung mit tiefem Wassergraben und 10 m hohen Wehrmauern errichteten. Dieses Bollwerk für das deutschkatholische Christentum hielt bis zum Großbrand von 1674. In diesen dreihundert Jahren gab es die erste wirtschaftliche Blütezeit. Es wurden die Kirche St. Georg, das Rathaus und eine Vor-Universität für Königsberg gebaut. Schuhmacher, Müller und Bierbrauer siedelten sich an.

Das Stadtwappen soll entsprechend einer alten Sage entworfen worden sein: Vor 2000 Jahren jammerten die Bauern, daß ein großer, wilder Bär die Ziegen und Schafe riß und auch gelegentlich schon schöne junge

MARCO POLO TIPS
FÜR RASTENBURG UND UMGEBUNG

1 **Rastenburg/Kętrzyn**
Eine lebendige Stadt mit
einer prunkvollen Wehr-
kirche (Seite 59)

2 **Heiligelinde/Święta Lipka**
Die schönste Barock-
kapelle ganz Masurens
(Seite 63)

3 **Wolfsschanze bei
Görlitz/Gierłoż**
Düsterer Schauplatz
deutscher Geschichte
im Zweiten Weltkrieg.
Riesige Überreste der
Betonbunker Adolf Hitlers
(Seite 65)

Mädchen entführt hatte. Also baten sie die Jäger, das Ungetüm zu jagen. Mutige junge Männer schulterten Speere und Lanzen und zogen in den Wald. Die Spur des großen Bären führte zu einer Gruppe von drei Fichten. Hier endlich konnten sie das Ungeheuer mit einer Lanze erlegen. Die Jäger nahmen zum Beweis eine Bärentatze mit nach Hause. Deswegen zeigt das Rastenburger Wappen heute eine Bärentatze inmitten dreier Fichten.

Jäger, Bauern und Hirten sind heutzutage in der Minderheit. Die wirtschaftliche Blüte, die sich im letzten Jahrhundert mit der Eisenbahn, Maschinenfabriken (Fa. Lanz), Gerbereien, Sägewerken und großen Trakehnergestüten entfaltete, brachte moderne Zeiten sowie relativen Wohlstand. Großgrundbesitzer wie die Grafen Schwerin, Wernigerode oder Tolksdorf schickten 1936 Reiter und Trakehner aus der Rastenburger Umgebung zu den Olympischen Spielen nach Berlin und gewannen sieben Medaillen.

Im Zweiten Weltkrieg zog es den großdeutschen Führer mit seinem Hauptquartier für fast 1000 Tage in dieses waldreiche Gebiet, um sein »Tausendjähriges Reich« in der Nähe der Ostfront zu verteidigen. Es gibt im polnischen *Kętrzyn* noch einige wenige ältere deutschstämmige Einwohner, die von den vielen nächtlichen geheimen Sonderzügen zwischen Rastenburg und der »Wolfsschanze« im nur 7 km entfernten *Görlitz/Gierłoż* erzählen können.

Doch im heutigen Rastenburg interessiert sich die junge polnische Generation nur noch insofern dafür, als natürlich die Kreisstadt im Sommer täglich, im Winter nur an den Wochenenden mit Reisebussen aus Deutschland überfüllt ist. Die vielen neuen Geschäfte in der restaurierten Altstadt (von der Roten Armee 1945 zerstört) unterhalb der wieder aufgebauten Burg profitieren von dem gespenstischen Tourismusrummel rund um Hitlers Wolfsschanze.

BESICHTIGUNGEN

Ordensschloß/-burg
Von dem, was im 14. Jh. die Ordensritter hier aufbauen ließen,

steht natürlich nichts mehr. Der Großteil der Schloßburg wurde nach dem Zweiten Weltkrieg entsprechend der Wiederaufbaupläne vom 17. Jh. (nach einem Großbrand) liebevoll restauriert. Ein fester, roter Backsteinbau, mit Felsgestein umrahmt, bietet einen herrlichen Ausblick auf den See, die Pferderennbahn, den Friedhof und die Stadt. Ein Teil des Schlosses dient heute als *Museum* und zeigt alte Handwerkswappen, Möbel, Meißener Porzellan und Gemälde aus dem 15. bis 17. Jh. *Ul. Struga 1, Di–Sa 9–16, So 9–15 Uhr, Eintritt 4 Zł.*

Stadtmauern und Stadttore

Einst waren sie die mächtigsten Befestigungen des 14. Jhs., mit 10 m hohen und 3 m dicken Mauern, dem Mühlen- und dem Hohen Tor, durch die man in die Stadt kam. 13 Türme standen im 14. Jh. zur Aussicht für die Wachsoldaten rund um die Stadt. Davon sind heute nur noch einige Teile erhalten. *Im Norden und Westen der Altstadt*

St.-Georgs-Kirche

Das masurische Prunkstück aller ordensritterlichen Wehrkirchen – eine Feste, nicht nur zu Ehren Gottes im 14. Jh. erbaut. Dicke Mauern und ein Turm an der Südostecke erinnern an kriegerische Ritterzeiten. Nachdem 1638 während eines heiligen Gottesdienstes der Blitz in den Westturm einschlug und dessen fallende rote Backsteine einige Gläubige erschlugen, wurde dieser Turm nie wieder aufgebaut.

Sehenswert im Südschiff die Grabplatten mit sehr genauen Zeichnungen von Waffen und Ritterrüstungen. Und am Kircheneingang ist heute noch der sogenannte »Halsstein« (mit einem Eisenring) zu finden, an dem noch um die Jahrhundertwende Sünder angekettet wurden, die gegen das sechste Gebot verstoßen hatten. *Ul. Sikorskiego*

Mächtige Hinterlassenschaft der Ordensritter: Schloßburg von Kętrzyn

Sehenswert sind außerdem das Rathaus am *Plac Pilsudskiego* und die *Katharinenkirche (ul. Sikorskiego).*

RESTAURANT/CAFÉ

Agros
Deftige Küche mit freundlicher Bedienung, ein Menü gibt es ab 7 Mark. *Ul. Kasztanowa 1, Tel. 089/752 38 40, Kategorie 3*

Café Magnolia
Guter Obstkuchen sowie besserer Tee denn Kaffee. *Ul. Sikorskiego 17, Tel. 089/752 30 46*

EINKAUFEN

Korbwaren
Taschen, Möbel und kleine Geschenke aus Bast, Stroh und Korb im *Czymne, ul. Rycerska 10.*

Sikorskiego
✪ Das ist die Hauptgeschäftsstraße, auf der Sie die besten Silber- und Modeboutiquen finden.

Warmia
Für Angler, Segler und sonstige Freizeitkapitäne der richtige Laden für die richtige Kleidung (ca. 50 Prozent preiswerter als in Deutschland). *Ul. B. Chrobrego 5*

ÜBERNACHTUNG

Jugendherberge
Sehr sauberes Haus mit Mehrbettzimmern. *Ul. Kopernika 12, Tel. 089/751 51 76, Kategorie 3*

Hotel Koch
Mit eigenen Segel- und Paddelbooten, Nachtclub und Restaurant. *42 Zi., ul. Traugutta 3, Tel. 089/752 20 58, Fax 752 23 90, e-mail koch@sprint.com.pl, Kategorie 1*

Pod Zamkien
Klein und fein, direkt an der Burg, zentral und doch ruhig gelegen. *16 Zi., ul. Struga 1, Tel. 089/751 31 17, Kategorie 2*

SPIEL UND SPORT

Angeln
Lizenzen, Genehmigungsscheine etc. gibt es bei *Agencja ORBIS, 11400 Kętrzyn, ul. Westerplatte 1, Tel. 089/751 31 20.*

Segel- und Sportfliegerei
Lotnisko-Sportflughafen, an der Ausfahrtsstraße in Richtung Lötzen, *Tel. 089/751 32 82*

Tennis
Korty Tenisowe, ul. Szpitalna 1, Tel. 089/75 27 32

AM ABEND

Bar Tramp
🕆 Cocktailtreff der Jugend *ab 18 Uhr. Ul. Traguta 5*

Kina Granica
Ein Kino, in dem aktuelle Hollywoodfilme gezeigt werden. *Ul. Sikorskiego, Tel. 089/751 29 62*

Relaks
Nicht ganz so schlüpfrig, wie der Name es verspricht. Aber doch eine entspannte Atmosphäre fürs »Mittelalter«. *Ul. Sikorskiego 5*

AUSKUNFT

Gemeindeamt Urzad Gminy
Pl. Grunwaldzki 1, Tel. 089/751 34 45, Mo–Fr 9–13 Uhr

Touristenamt im Rathaus
Urzad Miasta, *pl. Pilsudskiego 1, Tel. 089/751 26 06, Mo–Fr 9–13 Uhr*

PTTK
Ul. 1. Maja 5, Tel. 089/751 22 91,
Mo–Fr 9–13 Uhr

Dönhoffstädt/Drogosze (115/D 2)
Erst seit 1716 heißt dieses ziemlich verfallene Schloß so. Von Rastenburg fahren Sie zunächst in nordwestlicher Richtung auf der N 592 und biegen nach ca. 8 km gen Norden ab. Durch weite Wiesen geht es durch Alleen an einem großen Teich entlang auf dieses herrschaftliche Gutsschloß zu. Eine Kapelle, eine große Bibliothek sowie ein Schloßtheater machten den Herrensitz derer von Stolberg sowie später von Dönhoff als kulturelles Zentrum berühmt. Nach teilweiser Zerstörung durch die Rote Armee bauten die Polen das Schloß wieder auf, nutzten es als landwirtschaftliche Fachhochschule. Seit dem Ende des Kommunismus steht das Schloß, in dem die »Zeit«-Herausgeberin Gräfin Dönhoff ihre Jugend verbracht hat, leer und ungenutzt in der schönen Landschaft. Juristische Probleme um das Eigentum lassen es langsam verfallen. Die Besichtigung ist leider nur von außen möglich.

Heiligelinde/
Święta Lipka (115/D 3)
★ Wer südlich von Rastenburg durch die Wälder fährt, dann zwischen zwei bewaldeten Hügeln hindurch langsam zu den kleinen *Wirbel-* und *Heiligelinder Seen* hinunter zum Dorf kommt, glaubt angesichts der landschaftlichen Schönheit schon mal an Mutter Natur. Beim Spaziergang auf dem historischen Wallfahrts-

weg entlang der Rösselchaussee und des Seeufers, danach über den Rosenkranzweg und durch die Allee zur *Basilika,* stellt sich schon eine andächtige Stimmung ein. Schließlich, stehend oder kniend in Masurens berühmtester Wallfahrtskirche, kann selbst ein Ungläubiger angesichts der barocken Pracht zum Gläubigen werden: *Święta Lipka* heißt die Wallfahrtskirche oder eben *Heilige Linde.*

Dieser Name ist weder Schall noch Rauch, und Sie dürfen im klassischen Land der Marienverehrung ruhig und guten Gewissens an folgende Sage glauben:

Mitte des 14. Jhs. saß im Verlies des Rastenburger Schlosses ein zum Tode verurteilter Verbrecher. Er bedauerte zutiefst seine Mordtat und flehte Gottes Mutter Maria um Hilfe an. Die erbarmte sich, erschien dem Gefangenen leibhaftig, reichte ihm ein Stück Holz sowie ein scharfes Eisen und sagte: »Bilde daraus, was du willst, zeige es dann den Richtern und stelle es auf die erste Linde deines neuen Lebensweges.«

Der Gefangene hatte zwar keine blasse Ahnung vom Schnitzen, versuchte aber dennoch die ganze Nacht hindurch sein Meisterwerk. Am nächsten Morgen zeigte er den Richtern ein wunderschön geschnitztes Marienbild, woraufhin er freigesprochen wurde und sich von Rastenburg zu Fuß in Richtung Rößel begab. Eben hier am Seeufer fand er die erste Linde, stellte das Marienbild darauf und ging von dannen.

Soweit die Sage, jetzt zur Geschichte: 1519 pilgerte der letzte Hochmeister des Deutschen Ordens, Albrecht von Hohenzollern, barfuß zur heiligen Linde. Doch dann kam die Säkularisierung. Das jetzt protestantische Preußen ließ Kapelle und Kirche zerstören und stellte den Pilgern zur Warnung an gleicher Stelle einen Galgen auf.

Doch die katholischen Pilger ließen sich schon damals nicht einschüchtern und kamen weiterhin zu Tausenden an diese Stelle. 1619 endlich durften sie wieder eine Linde pflanzen und eine Kapelle bauen. Jesuitische Mönche sammelten nun unter den Gläubigen Geld für den Bau einer großen Kirche zu Ehren der Mutter Gottes.

Am 1. November 1687 ging's mit der Grundsteinlegung und einer heiligen Messe los. Danach wurde es zunächst für drei Jahre »unterirdisch«, weil in den sumpfigen Boden 10 000 Erlenbäume als fundamentale Sicherung in die Erde gerammt werden mußten. Das kostete damals schon die Kleinigkeit von 9000 preußischen Talern. Erst 1692 war die Kirche unter Dach und über der Linde fertig. Zunächst – denn der Pilgerstrom nahm zu, die Wunder auch, also auch die Einnahmen, folglich auch die Erweiterungsbauten (Kreuzgang mit Kapelle 1694) sowie die Innendekorationen (bis 1740).

Rundgang: Von außen überragen die zwei *Türme* (je 53 m) mit den beiden *Uhren* (Zifferblatt 3 m Durchmesser/Pendel 4 m) aus der Königsberger Werkstatt des Jakob Dornmann den Pilgerweg. Im Inneren eine dreischiffige Basilika mit einem 19 m hohen *Hauptaltar*. Darüber drei *Marienbilder*, das unterste ist das alte, historische Gnadenbild. Gegenüber vom Altar über dem Haupt-

eingang beeindruckt die große *Orgel* aus der Königsberger Werkstatt des Johann Mosengel von 1721. Von den 4000 Orgelpfeifen sieht man nur 200, die kleinsten in Bleistiftgröße, die größten fast 4 m lang.

Der Besucher sollte immer abwarten, bis die Orgel ertönt *(tgl. von 6.30–22.30 Uhr, jede halbe Stunde)*. Denn nicht nur das Brausen und Tosen beeindruckt unser Gehör. Unseren Augen wird auch geschmeichelt durch die Bewegung zweier tanzender Figuren hoch oben an der Orgel. Gelegentlich tanzen sie nicht nur zu Bach oder Schuberts »Ave Maria«, sondern auch zu einer Polka.

Weiterhin sehenswert in der Kirche ist die *geschnitzte Linde* am zweiten linken Pfeiler im Hauptschiff. Viele Gläubige schnitzen ihre Initialen hier hinein und kleben ein Votivbild auf. Der Baum ist mit eisernen Blättern geschmückt, die eine silberne Marienstatue mit dem Jesuskind auf dem Arm umhüllen.

Heidelinder Pilgertage: Am letzten Maisonntag (Mariä Heimsuchung) sowie am 14. und 15. August (Mariä Himmelfahrt) pilgert ein Großteil der pro Jahr ca. 100 000 Besucher hierher. Dann gibt es rund um die Basilika Prozessionen, einen Markt mit Kunsthandwerk (Heiligenbilder etc.) sowie auch einen (ziemlich weltlichen) Jahrmarkt.

Orgelkonzert: Mai–30. Sept. tgl. *9.30, 10.30, 11.30, 13.30, 14.30, 15.30, 16.30 und 17.30 Uhr. Juni bis Aug. jeweils Fr um 20 Uhr internationale Orgelkonzerte.* Heilige Messen: *Mo–Sa 6.30 und 7.30 Uhr, sonntags 7, 8.45, 11 und 17 Uhr*

Übernachtungen: Gleich nebenan im *Dom Pielgrzyma (»Pil-*

gerhaus«, einfache Mehrbettzimmer, 65 Betten, Tel. 089/755 52 12, nur 15. Juni–15. Sept., Kategorie 3) oder in den Campinghäusern des *Rema*-Erholungsheimes unten am See.

Rößel/Reszel (115/D 3)

Ein gepflasterter Marktplatz, von mittelalterlichen Kaufmannshäusern umrahmt, enge Gassen, eine beeindruckende *Peter-und-Paul-Kirche* mit schöner Fassade – und schon erinnert man sich in dem 6500-Seelen-Städtchen Rößel an den kalten Winter Anno 1806/07 und an ein heißblütiges Liebespaar. Eine gewisse, in Rößel zugereiste Barbara Zdunk überraschte ihren Geliebten mit einer Einheimischen in einer Scheune bei einer an sich angenehmen Beschäftigung. Die eifersüchtige Barbara jedoch wurde unangenehm und zündete die Scheune an. Woraufhin nicht nur der Geliebte samt Einheimischer verbrannte, sondern auch noch das halbe Dorf dazu.

Es kam zu einem großen Prozeß und zu Tumulten. Er endete mit dem allerletzten öffentlichen Feuertod in Europa. Eben hier, auf dem gepflasterten Marktplatz von Rößel, wurde Barbara Zdunk lebendigen Leibes verbrannt.

Sehr viel angenehmere Gedanken entstehen beim Besuch *Schloßfeste (tgl. 10–20 Uhr, Eintritt 1 Zł).* In der alten Ordensburg aus dem 15. Jh. mit den gotischen Stilelementen und einem neuerbauten Turm (das Großfeuer von 1806!) befinden sich ein kleines *Heimatmuseum,* eine moderne *Kunstgalerie* des auch hier arbeitenden berühmten Künstlers Boleslaw Marschall sowie ein gemütliches Café mit großem Kamin, wo es selbstgebackenen Kuchen gibt.

Die Schloßcafé-Besitzerin der restaurierten Ordensburg von Rößel vermietet 12 gemütlich eingerichtete Gästezimmer (*am Burgplatz, Tel. 089/751 39 49, Kategorie 2).*

Wolfsschanze/ bei Gierłoż (115/E 2)

★ Dieses Mahnmal soll die Erinnerung an die Schreckensherrschaft der deutschen Nationalsozialisten wachhalten, es soll unserer heutigen Generation die Augen öffnen angesichts des Größenwahns Adolf Hitlers und seiner Schergen. Von Rastenburg führt die Straße 7 km in östlicher Richtung durch dichten Mischwald, entlang den Eisenbahnschienen, auf denen ab Frühherbst 1940 tgl. ca. 3000 polnische und deutsche Arbeiter per Dampflokomotiven in das einstige Rastenburger Erholungsgebiet bei *Görlitz/Gierłoż* transportiert wurden, um hier auf ca. 250 ha das größte aller »Führerhauptquartiere« (FHQ) zu bauen. Das Gelände lag strategisch günstig zwischen Seen und Mooren, an der 1907 errichteten Eisenbahnstrecke Rastenburg–Lötzen (heute nicht mehr befahren), durch den dichten Wald uneinsehbar aus der Luft.

Die Organisation Todt begann bei Görlitz 1940 unter dem Tarnnamen »Chemische Werke Askania« mit dem Bau. Adolf Hitler, als er dann erstmals am 24. Juni 1941 in die betonierte »Waldsiedlung« einzog, nannte sein FHQ nach seinem früheren Pseudonym als Schriftsteller *Wolfsschanze.* Es war eine Betonstadt, wahrlich gebaut für ein »Tausendjähriges Reich«, mit zwei Flughäfen, einem Bahnhof, Wasser- und E-Werk, Klimaanlagen, Heizwerk, einem Erholungsheim, Offizierskasinos und einer Nachrichtenzentrale. Der zentrale erste Sicherheits-Sperrkreis umfaßte die Betonbunker von Adolf Hitler, Hermann Göring (Hitlers Stellvertreter, morphiumsüchtig, am 10. Mai 1946 kurz vor der Hinrichtung Selbstmord durch Gift), Wilhelm Keitel (Generalfeldmarschall, Spitzname *Lakaitel,* am 16. Okt. 1946 hingerichtet), Alfred Jodl (Generaloberst, engster militärischer Berater Hitlers, am 16. Okt. 1946 hingerichtet) und Martin Bormann (Sekretär des Führers, später Reichsleiter, aber auch »General der Fernschreiber« genannt, vermutlicher Freitod am 1. Mai 1945 in Berlin).

Insgesamt 80 verschiedene Gebäude versteckten sich unter hohen Eichen. Hitler plante hier hinter 4–6 m dicken Betonwänden und unter 6–8 m dicken Betondecken seinen Rußlandfeldzug, aber auch den Rückzug des eigenen Heeres. Fast 1000 Tage (bis zum 20. Nov. 1944) lebte und arbeitete der Planer des Tausendjährigen Reiches in dieser betonierten masurischen Steinwüste. In seinem »goldenen Käfig« empfing Hitler u.a. Benito Mussolini, den Großmufti von Jerusalem, Boris III., Zar von Bulgarien. Schließlich war dieser Teil Masurens auch damals – trotz aller Sicherheitssperrzonen und der 1500 dafür abgestellten Soldaten sowie Offiziere – nicht das Ende der Welt. Denn der auf spartanische Lebensführung eingestellte oberste deutsche Feld-

Überreste des nationalsozialistischen Größenwahns: die »Wolfsschanze«

herr österreichischer Herkunft hatte in den bombensicheren Gästebunkern des FHQ hell beleuchtete Räume, holzgetäfelte Wände und weißgekachelte Badezimmer einrichten lassen. Übrigens besuchte ihn hier niemals Eva Braun.

Claus Philipp Maria Graf Schenk von Stauffenberg, seit 1943 im Oberkommando der Wehrmacht, erhielt am 18. Juli 1944 den Befehl, von Berlin in die Wolfsschanze zu kommen, um mit Hitler über die sogenannten »Sperrdivisionen« in Ostpreußen zu sprechen. Am 20. Juli vormittags landete Stauffenberg auf dem Kętrzyner Flughafen, meldete sich bei Generalfeldmarschall Wilhelm Keitel an und erfuhr, daß die Besprechung mit dem Führer nicht in dessen Bunker, sondern (nur) in der sogenannten »Speerbaracke« stattfinden würde. Oberst Stauffenberg wußte, daß die Sprengkraft seiner in der Aktentasche mitgebrachten Bombe hier wegen der Leichtbauweise ohne großen Widerstand, also ohne größtmögliche Wirkung sein würde. Dennoch startete er heimlich den Säure-Zeitzünder, setzte sich gegen 12.30 Uhr auf Stuhl Nr. 4, also als dritter von rechts neben Hitler, und verzog sich rechtzeitig unter einem telefonischen Vorwand. Er hörte gegen 12.45 Uhr noch die Explosion, sah das Barackendach zusammenfallen und glaubte an den Erfolg seines »Unternehmens Walküre«.

Doch Hitler überlebte mit leichten Verletzungen. Den Arm in der Schlinge, begrüßte er nur vier Stunden später seinen Diktatorkollegen Mussolini auf dem Görlitzer Bahnhof. Das einzige direkte Attentat – nämlich hier im schönen Masuren – war tragischerweise ein Mißerfolg. Stauffenberg und seine Mitverschworenen wurden noch in derselben Nacht in Berlin erschossen.

Das Ende der Wolfsschanze kam mit dem Anrücken der Roten Armee dennoch immer näher. Hitler verließ seinen östlichsten Posten am 20. Nov. 1944. Am 23. und 24. Januar 1945 hörte man über die ganze Masurische Seenplatte hinweg mehrere Sprengungen. Doch selbst mit 8–12 Tonnen starken TNT-Sprengsätzen konnten die deutschen Truppen die Wolfsschanze nicht ganz in Schutt und Asche legen.

Rundgang: Geblieben sind haushohe, gespaltene und mittlerweile auch umgekippte Betonklötze. Zu dick und groß für die Sprengung, zu schwer und hoch zum Abtransport. Geblieben sind monumentale Monster als Zeugen einer Schreckensherrschaft. Heute stehen keine schwerbewaffneten Posten mehr herum, kein Stacheldraht schirmt gegen die Außenwelt ab. Die Minenfelder wurden bis 1955 geräumt.

Wer frühmorgens schon auf den riesigen Parkplatz fährt (um den vielen Reisebussen zu entgehen, 350 000 Besucher pro Jahr, jeder dritte ein Deutscher), denkt an die Parkzonen vor großen Einkaufszentren. Hier, auf der einstigen Wolfsschanze, stehen aber Kioske, Würstchenbuden und Bernsteinverkäufer. Geschäft ist Geschäft. Wer keinen persönlichen »Führer« für den Rundgang möchte, sollte sich zumindest einen Routenplan (6–9 Mark) für die rot markierte, etwa 2 km lange Strecke kaufen.

Die kleine Gedenktafel zu Ehren des Widerstandskämpfers Graf Stauffenberg ist zu klein geraten und liegt fast wie verloren an der Stelle der explodierten »Speer-Baracke«. Der Text der Tafel war schon vor der Enthüllung zum 48. Jahrestag am 20. Juli 1992 ein diplomatischer Streitfall. Der offizielle Text auf der Gedenktafel (in polnisch und deutsch) lautet jetzt: »Graf Stauffenberg und viele andere, die sich gegen die nationalsozialistische Diktatur erhoben hatten, bezahlten mit ihrem Leben.«

Besichtigungen unter *Tel. 089/ 752 42 94 mit touristischem Führer (ca. 60 Min. für 25 Mark als Einzelperson bzw. Familie). Ansonsten tgl. von 9 Uhr bis Sonnenuntergang (8 Mark Eintritt, 4 Mark fürs Parken).*

Natur pur zwischen Angerburg und Nikolaiken

Eine wasserreiche Umgebung für Angler, Paddler, Kanuten, Segler und Surfer inmitten wunderschöner Wälder

Eigentlich gibt es keine Hauptstadt der Region »Große Masurische Seen«. Dafür fließen hier zu viele Flüsse, liegen zu viele Seen und wogen zu viele Wälder im kühlen Ostwind. Und dennoch denkt jeder an *Nikolaiken/Mikołajki,* wenn er das zentrale Masuren meint. Nikolaiken – zärtlicher kann ein Städtchen nicht die Landschaft verschönern. Von Nikolaiken aus ist es möglich, in alle Himmelsrichtungen die »Grüne Lunge Polens« – wie die Große Masurische Seenplatte genannt wird – zu entdecken, zu erobern und sich von ihr verzaubern zu lassen.

Es scheint fast, daß kein Land schöner sein kann, keine Landschaft sinnlicher. Im Sommer der blaue Himmel über gelben Rapsfeldern und grünen Wäldern. Kormorane schweben wie Engel über die Seen, Störche geben sich

Herzstück von Masuren: Nikolaiken, wegen der vielen Brücken und Stege auch »Masurisches Venedig« genannt

auf so manchem Backsteinturm ein Stelldichein. Im Winter überdeckt das graue Eis die sonst blau schillernden Wasserflächen, und der Schnee hat die Baumwipfel der zigkilometerlangen Pappel-, Linden- oder Buchenalleen weiß überpudert. Dies ist das Herz von Masuren.

Das »Land der tausend Seen« hat eigentlich, werden die manchmal klitzekleinen, tief im Wald versteckten, fast kreisrunden Kesselseen (eiszeitliche Strudelseen) hinzugezählt, mehr als die offiziellen 2000 Wasserflächen mit der Mindestgröße eines Hektars: nämlich über 9000! Doch wer will sie zählen?

Die Angler brauchen immer nur einen einzigen See für ihr Petri Heil. Und in jedem schwimmen irgendwelche Maränen, Hechte, Schleien, Brassen, Barsche oder gar Welse: Fisch satt, auch weil die Umweltverschmutzung hier nie so stark war wie in der Nähe der russischen Grenze oder im industriellen Teil von Polen.

Die Segler benötigen zwischen *Angerburg/Węgorzewo* im Norden und der *Johannisburger Heide* im Süden (250 km Luftlinie) schon die größeren Seen. Der *Spirdingsee/Jez. Śniardwy* östlich von Nikolaiken ist der größte ganz Polens (11 283 ha/23,4 m tief). Der zweitgrößte See Polens, der *Mauer-See/Jez. Mamry,* liegt zwischen Lötzen und Angerburg im Norden (10 439 ha/4,50 m tief). Alles Gletscherbildungen aus der Eiszeit, wie auch die anderen, mit Miniinseln und feinem Sandstrand bzw. verschilftem Ufer reich gesegneten *Jeziori,* als da wären der *Löwentin-See/Jez. Niegocin* (27 qkm/40 m Tiefe) südlich von *Lötzen;* der *Nikolaiker See* mit seinem großen Seglerzentrum und dem Plan, durch eine Ringkanalisation wieder kristallklares Wasser zu erhalten; so wie es der Fall im *Niedersee/Jez. Nidzkie* ist, der mit seinen sieben Inseln und Uferwanderwegen in der *Johannisburger Heide/Puszcza Piska* so schön und sauber erscheint, daß er schon von vielen polnischen Künstlern besungen und bedichtet wurde.

🔱 Und für die Kanuten zählen nicht nur die Seen, sondern vor allem die ruhigen, durch tiefe Wälder führenden Kanäle. Zwischen 1765 und 1772 unter König Friedrich II. sowie später zwischen 1845 und 1855 wurden die meisten Kanäle gebaut bzw. erweitert. Hinzu kommen unzählige Schleusen, im Sommer ein beliebter Treffpunkt (und gelegentlicher Warteplatz, weil der Schleusenwärter gerade mal aushäusig ist) für alle Wassersportler dieser Welt.

Es ist leider wahr: Die Große Masurische Seenplatte ist im Juli und August rappeldickevoll. Wer sich ein Segelboot oder eine kleine Motoryacht mieten will, sollte dies bereits rechtzeitig über sein örtliches Reisebüro bzw. über sein reserviertes masurisches Hotel tun. Immerhin aber

MARCO POLO TIPS FÜR
DIE GROSSEN MASURISCHEN SEEN

1 Angeln
Das Fischerparadies Nikolaiken bietet Aale, Brassen, Hechte, Karpfen, Plötzen, Zander und den »Stinthengst«
(Seite 72)

2 Dreifaltigkeits-Kloster
Eine große Schatzkammer der russisch-orthodoxen Kirchenkunst bei Eckertsdorf/Wojnowo
(Seite 80)

3 Lötzen/Giżycko
Die größe Stadt der Großen Masurischen Seenplatte ist auch eine der ältesten
(Seite 77)

4 Feste Boyen
Westlich von Lötzen, zwischen Löwentin-See und Kissain-See, beherrscht die mächtige Festung die Landenge
(Seite 78)

Der Mauer-See zwischen Lötzen und Angerburg ist der zweitgrößte See Polens

ist die touristische Infrastruktur rund um die »tausend Seen« perfekt. An jeder Bucht und hinter jeder Biegung gibt es einen Campingplatz oder eine Bootsanlegestelle oder einen Bootsverleih oder ein Rasthaus oder alles zusammen.

Natürlich gibt es selbst zwischen den Großen Seen noch herrlich viel Wald, viele Mohnwiesen und Getreidefelder, saftige Weiden und Gestüte. Viel Platz auch für Freizeitsportler wie Radler, Reiter, Wanderer, Jäger und – im Winter – die Skilangläufer.

Doch dominierend bleibt das Wasser, sommers wie winters. Ob für Schwimmer, Taucher, Paddler, Segler, Angler oder im Winter für die Pferdchen vor den Kufenschlitten auf vereisten Seen: Wasser, so weit das Auge reicht. Und wer sich nur passiv über die gelegentlich gar nicht so ungefährlichen Wellen treiben lassen möchte, der kann mit der

berühmten »Weißen Flotte« durch die Seenlandschaft pflügen. Schon vor über hundert Jahren hatte man eine »Gesellschaft zur Erleichterung des Personenverkehrs auf den masurischen Seen« gegründet.

Die heutigen Schiffe der »Weißen Flotte« sind allerdings jüngeren Datums und fahren dank der Kanäle hin und her und quer durch alle großen Seen zwischen Angerburg und Niedersee: *Lötzen – Nikolaiken/Nikolaiken – Niedersee/Lötzen – Angerburg/Lötzen – Steinort/Nikolaiken – Rhein/ Nikolaiken – Seegutten/Angerburg – Upalty* sind die wichtigsten Verbindungen. Die meisten Schiffe fahren in der Saison *zwischen April und Okt. tgl. mehrmals* diese Routen. Außerdem gibt es jeweils regionale Seerundfahrten, auch Kanalfahrten und bei spezieller Gruppenbestellung sogar Sonderfahrten mit Abendessen und Bordkapelle.

NIKOLAIKEN/ MIKOŁAJKI

★ **(116/A 4)** »Masurisches Venedig« nennen die 4500 Einwohner liebevoll ihre mit alten Brücken und neuen Stegen rund um viel Wasser gebaute Kleinstadt, die verkehrsgünstig an der Hauptstraße N 16 zwischen Allenstein und Augustów liegt. Doch diese Schnellstraße, die von beiden Seiten durch Alleen verengt wird, krümmt sich vor dem Ort noch so oft, daß es hier eben nur zu einer eher gemütlichen Straße reicht. Sie schlängelt sich an Kirche und Gymnasium vorbei in die nächste Allee hinein. Apropos *Gymnasium:* Dieses wurde 1995 zu Ehren der Hamburger »Zeit«-Herausgeberin und wegen ihrer Verdienste um die deutsch-polnische Freundschaft in »Lyzeum Marion Dönhoff« umgetauft.

Nikolaiken – der wohl schönste Ort im Herzen der Großen Masurischen Seen – liegt hingehaucht zwischen dem größten aller polnischen Binnengewässer, dem *Spirdingsee/Jez. Śniardwy,* sowie dem *Talter Gewässer/Jez. Talty.* Kurz davor und fast an der evangelischen Kirche *St. Nikolaus* stößt man noch auf den kleineren *Nikolaiker See* sowie 2 km östlich auf den Märchensee *Lucknainer/ Łuknajno.* Letzterer ist im Sommer, wenn in Nikolaiker Privatpensionen jedes Gästezimmer belegt ist und die Einwohnerzahl sich dadurch mehr als verdoppelt hat, ein geschütztes Naturparadies für Tausende von Schwänen und Graureihern. Vom Westufer aus hat man frühmorgens einen phantastischen Blick auf die weiß-graue Vogelschar.

Nikolaiken lebt das ganze Jahr über vom Tourismus. An jeder Ecke der mit Fachwerkhäusern und restaurierten Stadtvillen wirklich schönen Altstadt ist ein Schmuckladen für Bernstein oder ein Café oder ein Fischrestaurant zu finden. Fisch nämlich ist neben Tourismus und Holzwirtschaft hier schon seit mehreren Jahrhunderten die Haupteinnahmequelle. Angler, Fischer und Netzflicker sind denn auch an allen Ecken und Enden zwischen Markt und dem etwas außerhalb liegenden Superhotel *Gołebiewski* zu sehen.

Und somit ist es auch kein Anglerlatein, wenn von A bis Z vom Fischreichtum (Aale, Barsche, Brassen, Forellen, Hechte, Schleien, Stinte, Welse sowie Zander) geschwärmt wird. Außerdem gibt es hier in Massen die Renke, die zur Gattung der edlen Lachsfische gehört und in Masuren Maräne genannt wird. Und nur hier in Nikolaiken ist ebendiesem Fisch sogar ein Denkmal gesetzt worden. Der *metallene Stinthengst* bzw. *Renkenkönig* ist an eine kleine Brücke hinterm Marktplatz im Wasser angekettet. Und das hat seine sagenhafte Vorgeschichte: Vor etwa drei Jahrhunderten schwamm im Nikolaiker See ein riesengroßer Stinthengst, mit einer goldenen und edelsteinbesetzten Krone auf seinem Fischkopf. Die Fischer hatten richtig Angst vor ihm und warfen gar nicht ihre Angeln aus, wenn sie den Renkenkönig da im Schilfufer träge in der Sonne liegen sahen. Denn kamen sie mit ihren Booten mitten auf den See, so tauchte der gekrönte Seekönig unter das Boot und kippte es einfach um. Da die meisten Fischer dieser Welt nicht schwimmen können, ertranken auch damals fast alle Nikolaiker Fischer. Womit der Fischfang zu Ende ging und die Fischerwitwen für ihre Kinder auch nichts mehr zu essen hatten.

Hunger und Not trieben eine dieser Witwen namens Anna zu einem heiligen Ort im Wald. Anna opferte das letzte ihrer Lämmchen und flehte um Hilfe. Und siehe da, im Mondschein erblickte sie eine schwere eiserne Scheibe. Die alarmierten, noch lebenden Fischer knüpften daran ein Netz, befestigten das an weiteren Baumstämmen und fuhren auf den See hinaus. Der Stinthengst schwamm tatsächlich in die Falle und wurde ans Ufer des Nikolaiker Marktplatzes gezogen, wo der Rat sein Todesurteil fällte. Doch da sprach der Renkenkönig mit menschlicher Stimme: »Wenn ihr mich tötet, werden im See alle anderen Fische auch sterben.« Also berieten sich die Nikolaiker und entschieden, den Stinthengst für ewig an die Brücke zu ketten…

Und hier schaukelt er ja noch heute in den Wellen, wovon sich jeder Tourist in diesem märchenhaften Nikolaiken überzeugen kann. Weswegen eben auch der Fischreichtum bis zum heutigen Tag erhalten geblieben ist.

MUSEUM

Muzeum Reformacji Polskiej

Die einzige historische Sehenswürdigkeit des Urlauberortes neben der 165 Jahre alten St.-Nikolaus-Kirche ist das Museum. Es zeigt eine ethnographische und naturwissenschaftliche Sammlung der polnischen Bevölkerungsentwicklung von Masuren. *Ul. Kolejowa 6, Di–So 10–17 Uhr, Eintritt 4 Zł.*

RESTAURANTS

Król Sielaw

Regionale Küche mit Wild- und Fischspezialitäten. *Ul. Kajki 4, Tel. 087/421 64 37, Kategorie 2*

Portowa

Hausmannskost, nicht vom feinsten, aber sättigend. *Pl. Wolności, Tel. 087/421 63 23, Kategorie 3*

Śmierdkocy Koń/Stinthengst

So muß selbstverständlich das beste Fischrestaurant der Stadt heißen. *Ul. Kajki 7, Tel. 087/ 421 63 23, Kategorie 1*

EINKAUFEN

Bernstein

Die feinsten Verarbeitungen und saubersten Steine gibt's im *Upominki, ul. 3. Maja 2*

Cepelia

Das Geschäft für Volkskunst bietet sämtliche Souvenirs, von Bernstein bis Ikone, vom geschnitzten Stinthengst bis zur russischen Stickerei. *Pl. Wolności 3*

ÜBERNACHTUNG

Gołębiewski

1999 auf 538 Zimmer erweitert, ist es das größte polnische Hotel in privater (Gołębiewski-)Hand. Ein Super-Luxus-Schuppen, jedoch harmonisch flach ans Seeufer eingepaßt. Massenweise kommen die Busse mit deutschen Nostalgieurlaubern. Aber durch die Größe der Anlage (Tennis, Reiten, Pferdeschlitten, Hubschrauberflüge, Hallenbad, Diskothek, drei Restaurants etc.) dürfen sich sogar Individualtouristen noch individuell betreut fühlen. Das Management organisiert alles, von nächtlichen Abenteuerwanderungen über Tagesausflüge nach Königsberg *(inkl. Visum ca. 150 Mark)* bis zum Nikolausfest am 6. Dezember. *Ul. Mrągowska 34, Tel. 087/ 421 65 17, Fax 421 60 10, e-mail mikolajki@golebiewski.pl, Kategorie 1*

Pensjonat Mikołajki

Direkt am See, Fahrradverleih, Frühstück und Abendessen. *34 Zi., ul. Kajki 18, Tel. 087/421 64 37, Kategorie 2*

Tałty

Kleines Hotel am Seehafen, mit 18 Doppel- und Dreibettzimmern. *Ul. Tałty 19, Tel. 087/ 421 63 98, Kategorie 3*

Camping

Mikołajki-Campingplatz, schöne Lage am See, mit allem Komfort. *Ul. Okręzna, Tel. 087/421 62 59*

SPIEL UND SPORT

Alle Wassersportarten im *Segelzentrum Wioska, ul. Kowalska 3, Tel. 087/421 60 40.* »Weiße Flotte«, Anlegestelle *Pl. Wáności, am Hafen, Tel. 087/421 61 02*

AM ABEND

Café Mocca

♂ An lauen Sommerabenden sitzt hier auf der Terrasse am Marktplatz die Jugend »bis in die Puppen«. *Pl. Wáności/ul. Kajki*

Disko

♂ In dieser quicklebendigen Kleinstadt gibt es auch eine Sze-

nedisko inklusive Kino. *Pl. Wáności, Di–So ab 20 Uhr*

AUSKUNFT

Tourismus-Büro

Ul. Kolejowa 7, Tel. 087/421 63 18, Mo–Fr 9–13 Uhr

ZIELE IN DER UMGEBUNG

Angerburg/Węgorzewo (116/A 2)

Die nördlichste Stadt (12 000 Ew.) der Großen Masurischen Seenplatte liegt zwar nur 15 km von der russischen Grenze entfernt, aber dennoch nicht am Ende der Welt, sondern verlockend von Wald und großen Seen umgeben. Der *Angerap-Fluß/Węgorapa* fließt hier aus dem großen *Mauer-See/Jez. Mamry* heraus bis zum heute russischen Insterburg. 1856 fuhr das erste Dampfschiff über den Mauersee bis nach Lötzen. 140 Jahre später ist die im Zweiten Weltkrieg ziemlich zerstörte Stadt ein idealer Startplatz für Segler, Kanuten, Angler, Wanderer bzw. im Winter für Eissegler, Eisangler und Skilangläufer. Und natürlich fährt im Sommer täglich die »Weiße Flotte«, deren Schiffe die Gäste mit Umsteigen über Lötzen bis nach Nikolaiken bringen. Ein *Heimatmuseum (ul. Portowa 1, Di–Sa 10–15, So 8–18 Uhr, Eintritt 4 Zł.)* bietet die üblichen bäuerlichen und handwerklichen Exponate des letzten Jahrhunderts. Außerdem sehenswert ist die früher evangelische, heute katholische *Peter-und-Paul-Kirche,* im 17. Jh. im spätgotischen Stil erbaut. Auch die dreiflügelige *Ordensburg* wurde erst vor 20 Jahren wieder ordentlich restauriert.

Nur wenige km weiter südlich, aber noch zum Verwaltungsgebiet Angerburg gehörig, liegt auf der Halbinsel zwischen *Mauer- und Dargainen-See* das wichtigste Architekturdenkmal der ganzen Region: Das einstige hochherrschaftliche *Schloß der Grafen Lehndorff* in Steinort/Sztynort, das im 19. Jh. im neugotischen Stil umgebaut wurde. Es ist gerade mal wieder restauriert worden. Aber es ist dennoch möglich, durch die wunderschönen Parkanlagen zu spazieren und das Schloß von außen zu bewundern.

Hotels: Das zentral gelegene *Hotel Garnizonowy (24 Zi., ul. Gen. J. Bema, Tel. 087/527 28 28, Kategorie 3)* bietet gute Zimmer und nur Frühstück. Das *Wenus (14 Zi., ul. Ogonki Wegorzewa, Tel. 087/527 31 87, Kategorie 2)*, etwas außerhalb, ist luxuriöser und hat einen eigenen Badestrand. *Aniata (8 Zi., ul. Trygort 57, Tel. 087/527 32 69)* wie auch die Pension *Nautic (10 Zi., ul. Słowackiego 14, Tel. 087/527 20 80)* laden mit familiärer Atmosphäre und guter Hausmannskost zur Halbpension ein. Der Campingplatz *Rusalka (ul. Swiecajty, Tel. 087/527 20 49)* bietet am See gut

möblierte Holzhütten, Badestrand, Bootsverleih etc. Urlaub auf dem Bauernhof: Preiswert und familiär wohnt man bei Bauer *Baldyga Mieczyslaw (5 Zi., Übernachtung pro Person inkl. Halbpension ca. 25 Mark, ul. Mlynowo 11, kein Tel., Kategorie 3)*. Muttern kocht in großer Küche, Schweinebraten gibt's am Lagerfeuer. Nur 1 km vom Zentrum Angerburg entfernt.

Restaurants und Bars: Das *Szkwal (pl. Wálności 13, Tel. 087/527 31 84, Kategorie 2)* bietet gute masurische Gerichte, vor allem frischen Fisch. Die *Pizzeria Peperoni (ul. Zamkowa 10, Tel. 087/527 10 22, Kategorie 3)* hat sich schon erfolgreich auf internationales Publikum eingestellt. 🎿 *Relax (ul. Ogrodowa 3)* sowie das 🎿 *Nautic (ul. Słowackiego 14)* sind im Sommer Treffpunkte der Jugend. Auskunft: *Orbis, pl. Wolnosci 5, Tel. 087/527 25 70, Mo–Fr 9–13 Uhr*

Arys/Orzysz (116/B 4)

Historisch Interessantes steht in dieser Kleinstadt (4000 Ew.) auf der östlichen Seite des *Spirding-*

Schloß Steinort, ehemaliger Besitz der Grafen Lehndorff mit Parkanlage

Historisches Rathaus in Johannisburg/Pisz

sees eigentlich nicht herum. Denn Arys, das erst 1525 von König Friedrich Wilhelm I. die Stadtrechte verliehen bekam, brannte 1945 ziemlich vollständig ab. Die heutige Patenstadt von Flensburg hat kein besonderes Flair, dafür aber eine naturschöne Lage am großen *Arys-See*.

Das *Lesny-Hotel (34 Zi., ul. 1 Maja 2, Tel. 087/423 75 86, Kategorie 2)* bietet Komfort und Seeblick. Im *Zagloba (ul. Giżycka, Tel. 087/423 70 89, Kategorie 2)* können Sie auf gesunde Art gut satt werden.

Ein kleines *Heimatmuseum (ul. Ogródek, Di–Sa 8–16, So 10–17 Uhr, Eintritt 4 Zł.)* zeigt alte Werkzeuge, Möbel und Ausgrabungen.

Auskunft: *Orbis, ul. Kolejowa, Tel. 087/423 70 11*

Borker Heide/
Puszcza Borecka   (116/B–C 2)
Von Angerburg über die N-644 und dann entlang des verwunschenen *Gołdapa-Sees* sollten Sie unbedingt die ca. 55 km in den *Naturpark Borker Heide* fahren. *Borken/Borki* ist nur ein kleines Dorf

am Rande dieses einmaligen Naturparadieses. Unberührt von Industrie liegt hier ein Juwel an Urgestein und Wildwuchs. Mit Adlern und Falken, mit Wölfen, Bibern und Luchsen. Die große Attraktion ist das riesige Freilaufgehege für die etwa 100 Wisente.

Die *Borker Heide*, so groß wie die Lüneburger, gibt nur ihren Namen für eine der wildesten, urwaldähnlichen Gebiete der Großen Masurischen Seenplatte, mit tatsächlich noch versteckten, auch im Sommer menschenleeren Angelplätzen. Die *Puszcza Borecka* bietet Wanderwege, Kanurouten und eine gute Infrastruktur an Campingplätzen sowie Bootsverleihstationen.

Johannisburg/Pisz   (116/B 4)
Kein schiefer Turm ist die Attraktion des 16 000-Einwohner-Städtchens, dafür aber die *Pisa/Pissek*, ein kleiner Fluß, der sich durch die relativ gut erhaltene Altstadt schlängelt. *Rathaus* sowie schön renovierte *Bürgerhäuser* gruppieren sich um einen kleinen

Marktplatz, der im Sommer durch seine Cafés und Restaurants zum Zentrum für Einheimische und Jugendliche wird.

Johannisburg ist eine noch relativ junge Stadt: Erst Anno 1645 bekam die Siedlung am südlichen Ende der masurischen Seenplatte die Stadtrechte. Gleich westlich der durch den Tourismus aufstrebenden Ortschaft liegt die *Puszcza Piska*, also die *Johannisburger Heide*. Bis nach *Ruciane–Nida (Niedersee)* erstreckt sich hier ein herrliches Wald- und Heidegebiet mit seltener Fauna und Flora. Im *Glaczynski-Museum* der Johannisburger Försterei *Pranie* können Sie seltene Blätter, Kräuter und Farne der Heide bewundern und auch eine fachkundige Führung in deutscher Sprache ordern (*Mi–So 9–17 Uhr, Tel. 087/423 19 21*).

Jedes Jahr im Juli findet in Johannisburg ein über die masurischen Grenzen hinaus bekanntes *Festival der elektronischen Musik* im Gemeindezentrum (*pl. Daszynskiego 11, Tel. 087/423 26 75*) statt. Seit 1998 gibt es im Zentrum auch ein großes Hallenbad, das die Saison für Schwimmer über den Sommer hinaus verlängern soll (*tgl. 10–22 Uhr, ul. Kwiatowa*). Wassersportler haben von Johannisburg aus durch den *Jeglinski-Kanał* Gelegenheit, über den *Spirdingsee* bzw. den schönen *Rosch-See* zu paddeln. Ein kleines *Heimatmuseum* im Rathaus (*pl. Daszyńskiego 8b, Di–Sa 9–16, So 9 bis 15 Uhr, Eintritt 3 Zł.*) zeigt Exponate vor allem aus der Johannisburger Heide. Das gut geführte Hotel *Nad Pisą* mit eigenem Restaurant direkt am Fluß (*43 Zi., ul. Ratuszowa 13, Tel. 087/423 31 76, Fax 423 32 53, Kategorie 2*) organisiert auch Wanderungen in die westlich gelegene *Puszcza Piska/ Johannisburger Heide*.

Das Motel *Zajazd Mysliwski* führt ein gutes Restaurant mit einheimischer Küche (*18 Zi., ul. Maldanin, Tel. 087/423 32 76, Kategorie 3*). Wer mit Blick auf den Rosch-See einschlafen, aber nicht campen möchte, bucht im *Wasser-Hotel KWK Moszczenica (23 Zi., ul. Lupki 14, Tel. 087/423 29 13, Kategorie 3*).

Campingplatz: *Camp Pisz* am Rosch-See, *ul. Turystów, Tel. 087/ 423 23 63*

Auskunft: *Orbis, ul. Dworcowa 12, Tel. 087/423 29 24*

Lötzen/Giżycko (116/A 3)

★ Eine Stadt auf Wasser gebaut, schöner geht's nicht. Im Zentrum drei kleinere Seen, dann der *Luczanski-Kanał* als Verbindung zwischen dem *Kissain-* und dem noch größeren *Löwentin-See* (*Jez. Kisajno* und *Jez. Niegocin;* 28 qkm groß!). Was die Einwohnerzahl angeht, ist Lötzen in diesem Gebiet die größte Stadt. Mehr als 32 000 Bewohner hat sonst kein anderer Ort zwischen den Großen Masurischen Seen zu bieten. Ein Glücksfall allemal, weil hier wenig Industrie angesiedelt wurde.

Also sauberes Wasser zum Baden, beste Angelbedingungen, Wanderwege ohne Ende und sämtliche Wassersport-Spielarten dieser Welt. Ein Touristenzentrum seit rund 140 Jahren, eben zu schön, um nicht schon damals entdeckt worden zu sein, als die erste Eisenbahn aus Allenstein bzw. Königsberg hierher fuhr. Da interessiert es nur am Rande, daß ein Flügel der *Ordensburg* aus dem 14. Jh. noch relativ gut erhalten ist. Eher schon, daß den ganzen Juli über ein Festival dem anderen folgt, vom *Shanty-* bis zum großen *Orgelfestival* in der evangelischen Kirche. Die *Juli-Tage von Giżycko* gelten in ganz Polen als kultureller Hit.

Lötzen ist eine Sommerhochburg. Im Juli und August besuchen mehr Urlauber aus Skandinavien und Deutschland denn aus Polen die Stadt. Die durch Endmoränen geprägte landschaftliche Umgebung bietet nicht viel für Kunsthistoriker, aber alles für den Freizeitsportler. Selbst im Winter sind für Eissegler, Schlittenfahrer, Eisangler, Skiwanderer, Schlittschuhläufer und Einsamkeitsfanatiker fast alle Hotels und Restaurants geöffnet.

Lötzen ist im Sommer wie im Winter das touristische Hauptzentrum ganz Masurens. Hier sind die größten Veranstaltungen und es scheint so, als würden hier auch die gastfreundlichsten, fröhlichsten Masuren leben. Miterleben können Sie das schon im Januar, wenn hier rund um die beiden innenstädtischen Seen *Podkówka Duza* und *Podkówka Mala* das große Masurische Hunderennen »*Laufender Wolf*« stattfindet (Infos bei Herrn Ruch, *11500 Giżycko, al. 1 Maja 14, Tel. 087/ 428 52 31*).

Auf diesen beiden naturschön gelegenen Stadtseen kann der Urlauber im März auch eine andere, seltene Wintersportart eiskalt miterleben, nämlich die Bezirksmeisterschaft im Eissegeln *(Info unter Tel. 087/466 65 61).*

Im August gibt es noch eine Großveranstaltung, an der auch jeder Feriengast mitmachen kann, nämlich das *Internationale Treffen schwerer und historischer Mo-* *torräder.* Wenn Sie also eine uralte Kawasaki, Harley oder BMW besitzen und außerdem die vielen romantischen Nebenstrecken rund um Lötzen kennenlernen wollen, dann machen Sie doch einfach mit *(Info: Urzad Miejski, al. 1 Maja 14, Tel 087/428 56 97).*

★ ☯ Die *Feste Boyen,* auch Lötzener Festung genannt, liegt gleich westlich des Stadtzentrums zwischen *Löwentin-* und *Kissain-See.* Eine strategisch wichtige Landenge, weswegen Preußens Kriegsminister Hermann von Boyen seinen König Friedrich IV. endlich 1841 überzeugt hatte, hier die größte, mächtigste und imposanteste Festung ganz Masurens zu bauen. Zwischen 1847 und 1855 errichtete man Bastionen und Pulvertore, Wassergräben, Kasernen, Schießscharten, Pferdeställe, Brieftaubenstationen, Waffenmeistereien, Pulverlaboratorien und Waffenspeicher. Die Macht in der Größe eines ganzen Dorfes und in der Form eines siebenzackigen Sterns wurde mit mächtigen Erdwällen, Mauern und Gräben unterstrichen. Noch im Ersten Weltkrieg konnten die Russen dieses Monstrum nicht einnehmen. Im Zweiten Weltkrieg stationierte hier der spätere BND-Chef Reinhard Gehlen seine Spionageabwehr.

Die Festung nutzen heute zivile masurische Dienststellen und Ämter. Von außen ist das gesamte Bollwerk in gut einer Stunde zu Fuß zu umrunden und zu bewundern.

Restaurants: *Spaghetteria,* beliebtester Treff für Schnellesser *(ul. Warszawska 13, Kategorie 3).* Frischen Fisch und gute Pizza gibt es im *Nicola (ul. Warszawska 14, Kategorie 3). Wodnik,* das Restaurant im gleichnamigen Hotel, bietet beste masurische Küche, *(ul. 3. Maja 2, Tel. 087/428 33 83, Kategorie 2).*

Hotels: *Mazury (37 Zi., ul. Wojska Polskiego 56, Tel. 087/ 428 59 56, Kategorie 2),* das beste Hotel am Ort, direkt am Kissain-See, mit allen Serviceangeboten für alle Freizeitsportarten, inkl. Caravan-Abstellplatz, Pferde-schlittenausflüge, Heißluftbal-lonfahrten und einem eleganten, internationalen Restaurant. *Wodnik (67 Zi., ul. 3. Maja 2, Tel. 087/428 38 71, Fax 428 39 58, Kategorie 2),* Plattenbau mit Komfort, Zimmer mit Sat-TV und bewachter Parkplatz, im Zentrum. *Centralny Ośrodek Sportu (165 Zi., ul. Moniuszki 22, Tel. 087/428 23 35, Fax 428 23 37, Kategorie 2),* das größte aller masurischen Sport-zentren, liegt direkt am Ufer des Mamry-Sees. Mit eigenem Yachthafen, Bootsverleih, Hotel, Campingplatz, Tennisplätzen, Volley- sowie Basketball und ei-nem guten Restaurant mit See-blick.

Spiel und Sport: *Bootsfahrten,* auch hier die Ausflüge mit den Schiffen der »Weißen Flotte«. Ab-fahrt ist am Schiffsanleger gleich hinterm Bahnhof *(ul. Jeziorna 14, Tel. 087/428 25 78, 428 53 32). Kanuten:* bester Startplatz, Informa-tionsaustausch, Kartenkauf und Verleih am Kanal in der *ul. Moniuszki 22. Reiten:* Den besten Reit-stall weit und breit hat der *Country Club* in *Wilkasy,* etwas südlich der Stadt *(70 Pferde, 34 Zi., ul. Niego-cinska 7, Tel. 087/428 55 94, Fax 428 56 24, Kategorie 1).* Das Gestüt liegt direkt am *Löwentin-See* und bietet u. a. Reithalle, Reitlehrer, ein elegantes Hotel und ein ex-klusives Restaurant.

🕇 Am Abend: *Bar Omega (ul. Gen. Sikorskiego/Ecke ul. Ob-sztynska, Di–So ab 19 Uhr),* viel Jungvolk, viele Segler, noch mehr Biersorten und gute Stimmung.

Kino: Das *Gala* zeigt alle aktu-ellen internationalen Filme *(ul. Warszawska 3).*

Auskunft: *Städtisches Büro, 11500 Giżycko, ul. Warszawska 17, Tel. 087/ 428 52 65; Orbis, ul. Dabrowskiego 3, Tel. 087/428 31 12, Fax 428 30 20*

Niedersee/Ruciane-Nida (116/A 4)

Klein, aber fein, dieses 5000-See-len-Städtchen am schönsten aller masurischen Seen. Und weil die alten Häuschen so malerisch zwi-schen Wald und See ans Ufer ge-tuscht sind, leben die meisten Niederseer – wenn nicht von der Holzwirtschaft im Winter –

Das Frauenkloster der Heiligen Dreifaltigkeit und des Erlösers in Eckertsdorf wird noch von russisch-orthodoxen Nonnen bewohnt

hauptsächlich von den polnischen und deutschen Urlaubern im Sommer. Auch, weil eben hier am kleinen Hafen Start bzw. Ziel der »Weißen Flotte« *(von Nikolaiken)* bzw. der Krutynia-Paddeltouren liegt, lebt das Traumstädtchen mit guter Infrastruktur an Hotels, Campingplätzen und Bootsverleihen total auf.

Ein gutes Hotel ist das *Perla Jezior (18 Zi., ul. Wczasow 15, Tel. 087/423 14 44, Kategorie 3).* Ein beliebtes Restaurant mit deftiger Hausmannskost ist das *Nowa (ul. Galczynskiego, Tel. 087/423 12 21, Kategorie 2)* mit Biergarten. Information: Holzhütten-Vermietung und Bootsverleih beim *PTTK (ul. Wczasow 17, gleich neben der See-Perle, Tel. 087/423 10 12).*

★ ◁▷ 9 km westlich von Niedersee hält der Besucher den Atem an, weil das Idyll mit dem kleinen Kloster am kleinen *Dus-See* so richtig romantisch schön ist, Einsamkeit inklusive zwecks stiller Gebete. In diesem *Frauenkloster* von *Eckertsdorf/Wojnowo* (Kloster der Heiligen Dreifaltigkeit und des Erlösers) lebten Anno 1998 noch zwei ältere deutsche Nonnen, total zurückgezogen. Ein Bauer hat das Gebäude vor dem Verfall bewahrt und verkauft hier auch Ikonenbilder an die seltenen Touristen. Die heilige Stätte der russisch-orthodoxen Altgläubigen ist innen beladen mit byzantinischen Kunstwerken, schweren goldenen Kerzenhaltern, echten russischen Ikonen sowie wertvollen Teppichen wirkt der Gebetsraum wie eine asiatische Moschee.

Die »Altgläubigen« (auch Philipponen genannt) hatten im 17. Jh. die Reformen des russischen Patriarchen Nikon nicht anerkannt. Die Philipponen wollten mehr »Hallelujas« singen und sich mit drei Fingern bekreuzigen. Die russisch-orthodoxe Kirche spaltete sich, die Philipponen wurden verfolgt, mußten gen Westen nach Polen flüchten. Die meisten siedelten sich in der Johannisburger Heide an. Aber zwei Mönche gründeten später – 1836 – hier am Krutynia-Fluß bei Eckertsdorf ein Kloster. Sie trugen Bärte, warben weitere Mönche und Nonnen an, lehnten fünf Sakramente ab und rauchten nicht.

Später lebten nur Nonnen hier, die zu Beginn dieses Jahrhunderts sehr viele soziale Arbeiten der Gemeinde übernahmen. Im Nebengebäude gibt es drei einfache Zimmen mit Seeblick, die der Klosterbauer vermietet *(Tel. übers Amt UKTA, no. 30).*

Rhein/Ryn (116/A 3)

Eigentlich ist Rhein noch ein Dorf (2800 Ew.). Doch im Sommer, wenn die Schiffe der »Weißen Flotte« aus Nikolaiken hier am *Rheinschen See/Jez. Ryńskie* anlegen, dann boomt es richtig zwischen Seeufer und der renovierten *Ordensburg* (Museum) des 500 Jahre alten Städtchens. Außer vom Sommertourismus lebt die Patenstadt Neumünsters von der Arbeit in einer Möbelsowie in einer Besenfabrik.

Bootsverleih und Anlegestelle bei *Sosnica (ul. Mazurska, Tel. 087/421 81 33).* Das *Hotel Emil (30 Zi., ul. Partyzantów 1, Tel. 087/421 85 40, Kategorie 3)* hat auch ein gut geführtes Restaurant. Das *Heimatmuseum* im Schloß *(pl. Wolnosci 2, Di–Sa 10–16 Uhr, Eintritt 4 Zł.)* zeigt Exponate aus dem 16. bis 19. Jh.. .

Sensburg/Mrągowo (116/A 3)

Hier ist richtig was los, sommers wie winters. Eins der schönsten masurischen Städtchen liegt an der Hauptstraße N 16; der längliche *Schoß-See/Jez. Czos* wie auch der kleinere *Juno-See/Jez. Juno* umarmen liebevoll den idyllischen Marktplatz, das historische *Rathaus* sowie die erhaltenen alten *Bürgerhäuser*. Sensburg liegt natürlich auch ideal für alle Wanderer und Wassersportler, weswegen sich die Einwohnerzahl durch die Sommerurlauber auf fast 50 000 in der Hochsaison verdoppelt.

Erst recht überfüllt ist die Patenstadt von Remscheid, wenn hier im hochsommerlichen August auf allen Plätzen und an allen Ufern nationale und sehr gute internationale Bands im Rahmen des berühmten *Piknik Country Mrągowo* auftreten. Und es ist selbstverständlich möglich, über die auf allen Rasenflächen ausgebreiteten Picknickdecken auch mit Einheimischen sowie polnischen Touristen ins Gespräch zu kommen. Im Winter wird die Seenlandschaft durch Eisangler, Pferdeschlitten und Skilangläufer belebt.

Das *Heimatmuseum Warmii i Mazur* ist im Rathausgebäude untergebracht und zeigt hübsche volkskundliche Exponate aus dem 18. Jh. sowie das mit einer Bärentatze geschmückte originale Stadtwappen *(ul. Ratuszowa 5, Di–Sa 10–16, So 12–18 Uhr, Eintritt 4 Zł.)*.

Ein großes und luxuriöses Hotel ist das direkt am Schoß-See gelegene *Hotel Mrongovia (215 Zi., ul. Giżycka 6, Tel. 089/741 32 21, Fax 741 32 20, Kategorie 1)*. Es werden Tennis, Reiten, Segeln, Sauna und Hubschrauberrundflüge an-geboten. Außerdem gibt es ein exklusives, internationales Restaurant. Allerdings durch die Nostalgietouristen im Sommer sehr »deutsch«.

Urlaub auf dem Bauernhof können Sie in der Nähe und ganz preiswert bei *Bauer Stachelek (ul. Kosewo, Tel. 089/741 85 96, Kategorie 3)* machen. Der Hof liegt direkt an dem kleinen *Kutz-See*. Es gibt hier Tarpane (Wildpferde), und Sie können Boote wie auch Fahrräder ausleihen.

Ein *Campingplatz* vom Feinsten mit jeglichem Service auf 40 000 qm: *ul. Jaszczurcza Gora 3, Tel. 089/741 25 33*.

Sorquitten/Sorkwity (115/D 3-4)

12 km westlich von Sensburg über die N 16 liegt *Sorquitten/Sorkwity*. Gleich drei Attraktionen hat dieses kleine Dorf (1600 Ew.): Erstens ist es Startplatz der legendären *Krutynia-Route*. Zweitens überragt die hübschen Bauernhöfe eine große weiße *Kirche* aus dem 15. Jh., die ausnahmsweise protestantisch ist. Diese Kirche zeigt im barocken Inneren einen reichverzierten Taufengel, der anläßlich der Taufe mit Hilfe eines Flaschenzuges von der Decke heruntergeholt wird. Und drittens gibt es einen deutschsprechenden Pastor, Krystof Mutschmann, der in dem roten, imposanten *Backsteintudor-Schloß (ul. Plazowa 3, Tel. 089/841 17 31, Kategorie 3)* direkt am See einige traumhaft gemütliche und preiswerte Zimmer vermietet. Wer wollte nicht schon einmal Schloßherr für nur eine Nacht sein, Schloßgeister natürlich inklusive.

PTTK-Information und Bootsanlegestelle, *Tel. 089/584 81 24*

Wildromantische Naturparks

Das masurische »Sibirien« zwischen Augustów und Suwałki
hat die interessantesten »Russenmärkte«

Der Verwaltungsbezirk Suwałki wurde 1999 in die Länderregierung (Woiwodschaft) von Bialystok eingegliedert. Hier gibt es die höchsten Arbeitslosenraten (über 20 Prozent) sowie im Winter die tiefsten Temperaturen (bis zu minus 35 Grad Celsius), weshalb die Gegend auch »Nordpol« oder »Masuren-Sibirien« genannt wird. Hier endet das neue westliche Europa. Denn im Norden von Suwałki, bei Gołdap und in der Rominter Heide, stößt der Wanderer an die russische Grenze. Weiter östlich, 12 km hinter *Sejny,* kommt man an die litauische Grenze bzw. mit einem Visum auch hinüber. Und ganz unten, im südöstlichsten Zipfel dieser Region, in der Augustówer Heide, kann der Urlauber mit einem Tagesvisum bei *Kuźnica* auch Weißrußland besuchen und erkunden.

Die neuen Grenzen der GUS-Staaten gelten als eine neue, wirtschaftliche Herausforderung

Der Augustów-Kanał schuf die wichtige Wasserverbindung zwischen der Weichsel und der Memel

für den nordöstlichsten Teil Polens. Aber sie sind zunächst eher ein Schlupfloch für die Bürger dieser drei angrenzenden, viel ärmeren Staaten, um im mittlerweile »reichen« Masuren (alles ist eben relativ) ihre Agrarprodukte, ihre Heimarbeiten und Kunsthandwerksprodukte auf den mittlerweile berühmten »Russenmärkten« von *Suwałki, Augustów* und *Lyck* verkaufen zu können.

Dieser Regierungsbezirk ist über 10 000 qkm groß; Suwałki hat knapp 70 000 Einwohner, von denen jeder fünfte ein zugewanderter bzw. vor der Perestroika geflüchteter oder vertriebener Russe, Ukrainer bzw. Weißrusse ist. Von Suwałki nach Königsberg sind es gerade mal 265 km, nach Riga 412 km, nach Minsk 404 km und nach St. Petersburg 845 km.

Nicht von ungefähr wird diese Region auch die »Grüne Lunge Polens« genannt, weil sie die kristallklarste Wasserqualität zwischen Suwałki und Augustów sowie den reichsten Waldbestand hat. Mit dem höchsten Freizeitwert für Angler, Radler, Wanderer, Segler, Surfer und im Winter für Eisangler, Schlittschuhläufer, Skilangläufer oder/und Jäger. Masurisch-Sibirien heißt Natur ohne Ende! Mit dem 15000 ha großen *Nationalpark Wigry* im Osten, dem Seenkomplex des Landschaftsparkes im Norden von Suwałki und einem echten Wintersportzentrum bei *Gołdap*. Mit geschützten Wisenten in der *Rominter Heide* an Rußlands Grenze sowie mit Elchen, Wölfen und Wildschweinen ist sie auch ein ideales Jagdgebiet.

SUWAŁKI

(117/D 2) Der flüchtige Besucher sieht Plattenbauten, dreckige Industrie und schmuddelige Warenhäuser. Doch wer sich Zeit läßt und die stillen Ecken der von schön restaurierten Bürgerhäusern umrahmten kleinen Plätze in der Altstadt betrachtet, der findet auch Bezauberndes in dieser zu schnell gewachsenen Nachkriegshauptstadt. Für die 68000 Einwohner, davon etwa 20000 zugewanderte Ukrainer, Weißrussen und Litauer, ist die Verwaltungs- und Handelsmetropole der Woiwodschaft Suwałki

das große Zentrum des nordöstlichsten Polen. Und die letzte wirtschaftliche Bastion Masurens kurz vor dem neuen Vierländereck Polen, Rußland, Weißrußland und Litauen. Die deutsche Möbelindustrie hat sich hier bereits wegen dieser strategischen Lage, der reichen Waldbestände und der starken Holzwirtschaft angesiedelt. Deutsch geführte Jagdhotels natürlich auch schon.

Die vom nahen Wigry angereisten Mönche des Kamaldulenserordens gründeten hier im tiefsten Urwald gegen Ende des 17. Jhs. ein Dorf. Für masurische Städte reichlich spät, nämlich 1720, erhielt die Gemeinde am Rande einer schönen Seenplatte von König August II. die Stadtrechte. Doch erst durch den Titel der regionalen Verwaltungshauptstadt *(Woiwodschaft)* wurde aus dem früher auch »Sudauen« genannten Suwałki eine richtige Kleinstadt.

Genau 150 Jahre alt ist auch der Friedhof, der an der an der *ul. Bakalarzewska* so fasziniert. Sämtliche alten Fürstengräber, alle Monumente und Grabsteine sind noch sehr gut erhalten. Der alte *Su-*

wałki-Friedhof erscheint wie ein einmalig schönes Totenmuseum, riesengroß und sehr gepflegt. Abgesehen von den wertvollen Skulpturen und Kreuzen ist es auch richtig spannend, auf den Grabsteinen an Hand der Namen und Todesdaten das völkische Auf und Ab zwischen Polen, Preußen und Russen der letzten 150 Jahre zu verfolgen.

BESICHTIGUNGEN

Die Stadt ist nach dem Zweiten Weltkrieg zu 70 Prozent wieder aufgebaut worden und auch danach erst richtig schnell gewachsen. Entsprechend gering ist das kulturell-bauliche Angebot für den Kunstinteressierten. Doch wegen der vielen guterhaltenen klassizistischen Bürgerhausfassaden lohnt ein Rundgang durch die Altstadt:

Vom Bezirksmuseum sowie einer russisch-orthodoxen Kapelle und dem restaurierten *Dom des heiligen Alexander* mit seinen dorischen Säulengängen sowie der Monumentalfassade am *Pilsudski-Platz* geht es über die *ul. Wojkska Polskiego* links in die *ul. Mickiewicza* hinein. Hier stehen entlang des früheren Altmarktes renovierte Patrizierhäuser aus dem letzten Jahrhundert. Und auch das *Gymnasium* sowie das heutige Rathaus mit der *Alten Wache* (frühes 19. Jh., Klassizismus) sind sehenswert.

MUSEEN

Dichtermuseum
Werke, Fotos und Arbeiten sowie Möbel der in diesem mit Säulen und schöner Attika ausgestattetem Haus geborenen berühmten polnischen Dichterin

Marja Konopnicka (1842–1910) sind in dem nach ihr benannten Museum zu sehen. *Ul. Kosciuszki 31, Di–So 10–14 Uhr, Eintritt 4 Zł.*

Heimatmuseum
Das *Muzeum Okregowe* zeigt wertvolle Exponate aus der Kamaldulenserzeit und der russisch-orthodoxen Periode. *Ul. Kosciuszki 81, Di–So 10–14 Uhr, Eintritt 4 Zł.*

RESTAURANTS

Max
Ein bißchen moderner, für den schnellen Imbißgast. *Ul. Witosa 4a, 087/566 44 48, Kategorie 3*

Suwalszczyzna
Viel Fleisch vom Grill und einheimische Küche. *Ul. Noniewicza 71 a, Tel. 087/565 19 00, Kategorie 2*

EINKAUFEN

Russischer Markt
Billige Rasierapparate aus Nordkorea (ab 18 Mark), Handgeknüpftes aus dem Kaukasus, Wodka-Gepanschtes aus Weißrußland und falschen Kaviar, in Schweden verpackt, es gibt hier *Mo–Sa 8–14 Uhr* wirklich alles Mögliche und Unmögliche. *Zwischen ul. Noniewicza und ul. T. Kościuszki*

ÜBERNACHTUNG

Dom Nauczyciela
Im Zentrum mit Komfort mitteleuropäischer Ansprüche. Gemütliche Bar, gutes Restaurant, moderne Zimmer. Es werden Öko-Abenteuer-Ausflüge in den Landschaftspark organisiert. *42 Zi.,*

ul. Kościuszki 120, Tel. 087/566 69 00, Fax 566 60 28, Kategorie 1

Hańcza

Das Hotel ist sehr zentral gelegen, gute Ausstattung der Zimmer, aller Komfort von Nachtbar bis Fitneßraum. *67 Zi., ul. Wojska Polskiego 2, Tel. 087/566 66 33, Fax 566 62 23, Kategorie 2*

Wanderungen im nördlich der Stadt gelegenen *Landschaftspark Krajobrazowny.* Ein Naturschutzgebiet mit ausgeschilderten Gehwegen entlang wildbewachsener Seeufer und durch tiefe Wildnis zu einem der schönsten alten Dörfer dieser Gegend, nach *Smolniki.* Außerdem toben sich hier mutige Taucher in Masurens tiefstem See aus, dem *Jez. Hańcza* (109 m tief). Info und Karten: *Centrum Informacji, ul. Woijska Polskiego 2, Tel. 087/566 29 38*

Falkenjagden veranstaltet das Büro *Nemrod, 16507 Gleboki Brod, Tel. 28 (über Voranmeldung)*

Hobbit

Das ist ein eingetragener »Club der Liebhaber Wilder Natur«, der Überlebens- und Abenteurer-Camps am *Bitkowo-See* organisiert. Außerdem Kajak- und Radtouren in der Wildnis, Angeln, im Winter Untereisangeln und Eissegeln. *16400 Suwałki, ul. Chopina 4, Tel. 087/567 88 97*

Aida

⚥ Eine Bar, in der sich bei klassischer Musik Studenten und Künstler treffen. *Ul. Sejnenska 3, tgl. 18–24 Uhr*

Pub Kogutek

⚥ Im Pub trifft man *ab 19 Uhr* bei amerikanischer Musik und deutschem Bier die einheimische Jugend. *Ul. Kościuszki 80*

PTTK-Büro

Ul. Kościuszki 37, Tel. 087/66 59 61, Mo – Fr 9–13 Uhr

Tourismuszentrale

16400 Suwałki, ul. Noniewicza 10, Tel. 087/566 51 73, Fax 087/566 21 66, Mo – Fr 9–13 Uhr, und in der *ul. Koscinski 45, Tel. 087/566 54 94, Fax 566 58 72*

Augustów   (117/E 3)

Städtebaulich ist Augustów wahrlich keine besondere Stadt. 33 km

---

Die Marco Polo Bitte

WWF

Marco Polo war der erste Weltreisende. Er reiste in friedlicher Absicht, verband Ost und West. Er wollte die Welt entdecken, fremde Kulturen kennenlernen, nicht zerstören. Könnte er heute für uns Reisende nicht Vorbild sein? Aufgeschlossen und friedlich sollte unsere Haltung auf Reisen sein. Dazu gehören auch Respekt vor Mensch und Tier und die Bewahrung der Umwelt.

südlich von Suwałki gelegen, bietet der Ort am *Necko-See* seinen 31 000 Einwohnern den Charme eines mitteleuropäischen Industrievorortes. Von dem klassizistischen Gebäude der *Alten Post (ul. Wybickiego 1)* aus dem Jahre 1828 sowie von der *Herz-Jesu-Kirche* (1905–1911) einmal abgesehen, gibt's hier für Kunstliebhaber nicht allzuviel zu betrachten.

Auch das Wirtschaftsleben (Holz/Möbel/Tourismus), das sich von dem neuen politischen Dreieck Polen-Litauen-Weißrußland einen Aufschwung verspricht, wirkt noch eher verschlafen. Augustów ist Provinz in voller Natur. Wer aber erfährt, daß gleich östlich vom Zentrum der *Naturpark Puszcza Augustowska* eher einem Urwald ähnelt und tatsächlich noch wilde Tiere wie Wölfe, Luchse und Dachse neben Elchen, Hirschen sowie Graureihern und Falken hier leben, ahnt schon die eigentliche Attraktion von Augustów. Übrigens ein dichter Urwald, dieser sogenannte *Heidewald,* in dem während des Zweiten Weltkrieges polnische Widerstandskämpfer gegen Hitlers Truppen erfolgreich kämpften.

So richtig groß und wichtig wurde Augustów erst mit dem Bau des ★ *Augustów-Kanals* 1824–1839, einer Verbindung zwischen der Weichsel und der Memel. Auf ihm fuhren schon Schiffe, als man den heute meistbefahrenen Kanal der Welt, nämlich den deutschen Nord-Ostsee-Kanal, noch nicht einmal plante (erst 1895 eingeweiht). Der Augustów-Kanal hingegen war für die Polen schon um die Jahrhundertwende 1790/1810 in der Planung. Denn nur die (damals nicht vorhandene) Verbindung zur Ostsee konnte dem polnischen Königreich auch wirtschaftlichen Aufschwung geben.

Also wurde 1824 mit dem für damalige Verhältnisse technisch sensationellen Bau des Kanals von Augustów in südlicher Richtung begonnen: Auf einer Länge von 102 km waren 40 km künstliche Durchstiche nötig, 40 km Flußkanalisierung und 18 Schleusen. Als er fertig war, konnten die Flößer und Schiffer Warengüter für die baltischen Staaten bis zur Ostsee bringen. Doch die wirtschaftliche Blüte dauerte nicht lange. So wie heute gewisse Zollkriege auch zwischen USA und Japan den Handel bremsen, so schröpfte nämlich damals das starke Preußen die polnischen Kapitäne und Flößer mit Sonderzöllen. Womit schon um die Wende zum 20. Jahrhundert das wirtschaftliche Aus für den Augustów-Kanal eingeläutet war – nicht zuletzt auch wegen der Eisenbahn.

Heute ist der Kanal die größte Naherholungsattraktion der Gegend, besonders für Kajakfahrer aus aller Welt. Auf teils mit Bäumen und Schlingpflanzen überwachsenen Wasserwegen führen Paddeltouren regelrecht durch einen Urwald.

Auf einzelnen Abschnitten verkehren auch die kleinen Schiffe der »Weißen Flotte« *(Abfahrt im Hafen von Augustów, Tel. 087/643 28 81, Fax 643 21 52).* Flächendeckend verteilen sich Campingplätze und Bootsverleiher entlang des Kanals sowie der mit ihm zusammenhängenden Flüsse und Seen *(Nette, Czarna Hańcza, Seenplatte Jeziora Augustówski).*

Museen: Im *Ziemi Augustówski-Museum* (Heimatmuseum, *ul. Hoza 7, Di–So 9–16 Uhr, Tel. 087/643 27 54, Eintritt 4 Zł.)* werden wichtige ethnologische Funde des Mittelalters ausgestellt. Im *Dzial Historii Kanalu* (Kanalmuseum, *ul. 29 Listopada 5a, Di–So 9–16 Uhr, Eintritt 4 Zł.)* sind sämtliche Bauskizzen und viele verschiedene Arbeitsgeräte zu sehen.

Restaurant: ✪ *Albatros (ul. Mostowa 3, Tel. 087/643 21 23, Kategorie 2)*, bekanntestes Restaurant mit traditionell gutbürgerlicher Küche.

Einkaufen: <mark>Russischer Markt,</mark> frische Wurstwaren von den masurischen Bauern, Handgeknüpftes und Kaviar von den russischen Händlern. Feilschen ist angesagt *(Mo–Fr 8–16 Uhr, ul. Wierzbna)*.

Übernachtungen: *Dom Nauczyciela (45 Zi., ul. Listopada 9, Tel. 087/643 20 21, Kategorie 1)*, gutes Restaurant, Sauna, Sportzentrum, gute Zimmer. *Motel (21 Apartments, ul. Mazurska 4, Tel. 087/644 67 34, Kategorie 2)*, praktisch, einfach, aber gut. Schlichte Mehrbettzimmer: *Jugendherberge (15. Juni–10. Sept., ul. Konopnickiej 9, Tel. 087/643 21 15). Campingplatz:* am See gelegen, neben dem PTTK-Sportheim *(ul. Sportowa, Tel. 087/643 37 91)*.

Am Abend: Kino *Iskra (ul. 3. Maja 37, Tel. 087/643 25 57)*; ☂ *Drink Bar,* heiße Musik, kalte Getränke, viel Jugend *(ul. Nowomiejska 3a)*

Neben Kajak- und Paddeltouren ist es auch noch möglich, erholsame Ausflüge mit den Passagierbooten der »Weißen Flotte« zu unternehmen. In der Hauptsaison *(Juni–Sept.)* verkehren die Schiffe auf den Strecken *Augustów–Przewiez–Studzienniczesee* und zurück *(Dauer 4 Std.)* und zwischen *Augustów–Przewiez–Swoboda–Gorczyca Paniewo (ca. 8 Std.).*

Auskunft: *Informacja Turystyczna, 16300 Augustów, pl. J. Krasickiego, Tel. 087/643 28 83;* Informationen und Sportgeräteverleih wie z. B. Kajakboote: *PTTK, ul. Sportowa 1, Tel. 087/643 34 55;* Pannendienst: *ul. Mazurska 4, Tel. 087/643 25 39*

Gołdap (116/C 1)

Romantisch am fischreichen See wohnen die 16 000 Einwohner, die vorwiegend von Land- und Holzwirtschaft leben. Umgeben von bewaldeten Hügeln und nur 3 km von der russischen Grenze *(Grenzübergang tgl. von 7–22 Uhr geöffnet, Tel. 087/15 27 40)*, hört hier zwar irgendwie die Welt auf. Aber besonders im knackigtrockenen Winter läßt es sich auf dem *Gołdapa-See* hervorragend eissegeln, eisangeln, Schlittschuh und Loipe laufen.

Reges Treiben herrscht *tgl. außer So* auf dem *Russenmarkt* auf dem historischen Marktplatz der Stadt. Wegen der nahen Grenze und der kurzen, nächtlichen Transportwege gibt es hier den geschmuggelten Kaviar, Krimsekt und russischen Wodka noch billiger (und tatsächlich meist echten!) als beispielsweise in Ełk oder Suwałki.

〰 Von Gołdap zunächst entlang dem *Gołdapa-Fluß* und dann durch die *Rominter Heide/Puszcza Romincka* (mit Spezialgehege für Wisente) führt ein traumhaft schöner Wanderweg durch blühende Wiesen mit sumpfigen Tälern, Moorwiesen und sogar noch seltenen Orchideenarten.

Direkt am Gołdapa-See mit schönem Ausblick liegt das *Re-*

staurant Pod Piekna (Tel. 087/ 15 00 99, Kategorie 3), es bietet preiswerte, deftige Küche.

Unterkünfte: Keinen Luxus, doch sauberen Service bietet das *Hotel Janczes (24 Zi., pl. Zwycięstwa 5, Tel. 087/15 36 56, Kategorie 3). Ein preiswertes Ausflugsheim für müde Wanderer, mit Zweibettzimmern ausgestattet, ist das Rybakowka (ul. Krotka 1, Tel. 087/ 15 00 85, Kategorie 3). Jugendherberge (44 Betten): ul. Wojska Polskiego 16, Tel. 087/15 07 01. Direkt am See befindet sich der gut organisierte Campingplatz Nr. 220 (ul. Stadionowa 8, 248 Plätze, Juni–Sept.).*

Kalvarija (Litauen) (117/E 1)

Über die N 19 erreichen Sie nach 28 km die litauische Grenze bei Kalvarija/Budzisko, mit einem Tagesvisum ohne längere Wartezeiten. *Tgl. 8–22 Uhr, Tel. 087/68 21 06*

Lyck/Ełk (116/C 3–4)

★ Auf den ersten Blick präsentiert sich moderner östlicher Plattenbau. 53 000 Einwohner leben wie auf dem Schachbrett geplant. Ein Glück für die Lycker, daß ihnen bei dieser Ordnung die beiden ins Stadtgebiet ragenden Seen sowie der Lycker Fluß in die Quere kommen! Auch der hohe, backsteinrote Wasserturm, der die ansonsten eher langweilige Stadtszenerie überragt, sowie die kleine Burg (19. Jh.) auf der Insel des Lycker Sees bieten eine willkommene Abwechslung.

Lyck, gegründet vom Deutschen Orden 1425, hatte früher einmal eine große kulturelle und politische Bedeutung. Es war zeitweise sogar Hauptstadt ganz Masurens. Doch gerade wegen seiner deutsch-preußischen Geschichte wird Lyck heute von Warschau nicht gerade gefördert.

Hochaltar im Kamaldulenserkloster in Wigry, einsam am Wigry-See gelegen

Dennoch, die Lycker gelten als arbeitsam, strebsam – die Preußen Masurens. In der Stadt gibt es denn auch eine gutsortierte Mittelstandsindustrie, eine Wurstfabrik unter deutscher Leitung, eine Kabelfabrik, die für Opel-Astra elektrische Leitungen fabriziert, Sägewerke, die Holz für die deutsche Möbelindustrie zusägen, Brauereien etc. – sowie die Erinnerung an einen ganz berühmten Sohn der Stadt. Hier wurde am 17. März 1929 der deutsche Schriftsteller Siegfried Lenz geboren.

Sehenswert zwischen all den Plattenbauten ist die *Kirche des heiligen Adalbert*. Ein mächtiger, alles überragender Backsteinbau, den 1992 Papst Johannes Paul II. zum Dom erhob.

❂ Das schönste Freizeitvergnügen für die Lycker wie auch für die Touristen ist eine Fahrt mit der berühmten *Schmalspurbahn* von *Ełk* über 48 km in Richtung Augustów bis nach *Turowo*. Eine Zuckelfahrt mit der Dampflokomotive »P x 48 Forst« und einem nostalgischen Speisewagen über 75 cm Schienenbreite durch die schöne masurische Seenlandschaft. Am Lycker Bahnhof *Wask* ist auch das 1910–1917 erbaute Betriebswerk zu besichtigen. Platzreservierung und Abfahrtstermine bei *Kierownik Elckiej (ul. Wąski Tor 1, Tel. 087/610 84 71. Hin- und Rückfahrt 4 Mark)*.

Restaurants: Das *Onyx (ul. Wojska Polskiego 38, Tel. 087/610 10 70, Kategorie 2)* bietet eine sehr gute masurische Küche, im Winter wird viel Wild serviert, im Sommer werden frische, kalte Obst- und Gemüsesuppen zubereitet. Auch in Lyck gibt es einen großen *russischen Markt,* auf dem selbstverständlich auch die einheimischen Bauern ihre Ernte bzw. Handwerker ihre Produkte (Schnitzereien, Leder und Tuchwaren) verkaufen *(am Friedhof, Di, Fr und So 8–16 Uhr)*. Gute Tourenräder und alles Zubehör zum Radwandern, etwa 30 Prozent preiswerter als in Deutschland, im *Salon Prowadzi (ul. Suwalska 84, Tel. 087/610 96 17)*. Den besten russischen Krimsekt, die renommiertesten polnischen Wodkas usw. gibt es im Spezialgeschäft *Hurtownia Alkoholi (ul. Suwalska 84, Tel. 087/610 14 60)*.

Übernachtungen: *Lega Inn (41 Zi., ul. Chełchy, Tel. 087/610 44 43, Fax 610 24 37)*, das allerbeste mit mitteleuropäischer Luxusklasse, liegt ca. 8 km außerhalb bei *Chełchy* im Wald und bietet neben Komfortzimmern Fußball-, Tennis- und Grillplätze, Billard, Sauna, Fahrrad- und Angelverleih, Hubschrauberrundflüge, Reiten und Kutschfahrten. Und ein nobles Restaurant, in dem französische Kochkunst mit masurischen Rezepten zu Augen- und Gaumenfreuden gemixt wird. *Mazurski,* solide Herberge *(38 Zi., ul. Chopina 15, Tel. 087/610 41 15, Kategorie 2)*. *Camping,* schön gelegen bei *Szeligach,* mit Kajakanlegeplatz, alle Serviceleistungen: *ul. Piłsudskiego 4, Tel. 087/610 27 23.*

Eine richtig elegante Szene für den Abend mit weißrussischen Kellnerinnen, polnischen Türstehern und Dollarpreisen hat sich zwischen der *ul. Armii Krajowej* und der *Wojska Polskiego* etabliert. *Ab 22 Uhr* tanzt, singt und trinkt man/frau besonders gerne im *Night Club Cegielni,* im *Super* und im *Jarski.* Auskunft: *PTTK (ul. Armii Krajowej 56, Tel. 087/610 38 19);* Orbis *(ul. Mickiewicza 15, Tel. 087/610 35 73)*

Sejny (117 / E 2)
Die 5000 Einwohner wissen zu schätzen, was ihnen polnische Umweltschützer bescheinigen: Sie wohnen in einer Waldgegend, in der die Luftverschmutzung 25mal geringer ist als im übrigen Polen. So sauber ist's nur 35 km östlich von Suwałki. Sejny war über Jahrhunderte Schnittpunkt für europäische und baltische Bewohner. Zeichen damaliger Zeit ist noch heute die *Weiße Synagoge*. Aber im Städtchen gibt es auch anderes Sehenswertes, wie die alten *Kaufmannshäuser* um den Marktplatz und natürlich die kleine *Basilika* zu Ehren der Jungfrau Maria. Im Inneren der *Basilika Minor* eine hölzerne Schrankfigur der Maria aus dem 15. Jh. (wovon es nur fünf dieses Alters in der ganzen Welt gibt!).

Das *Restauracje Skarpa (ul. Piłsudskiego 11, Kategorie 3)* bietet eine solide Schnellküche für hungrige Wanderer und Kajakfahrer. Das Hotel *Na Skarpie (ul. Piłsudskiego 13, Tel. 087/616 20 65, Kategorie 3)* hat nur 15 Zimmer und einen freundlichen Service.

Grenzübergang *Ogrodniki,* 12 km nordöstlich nach Litauen: *tgl. 8–20 Uhr, Tel. 087/617 21 62*

Treuburg / Olecko (116 / C 2)
32 km westlich der Verwaltungshauptstadt treffen Sie auf ein kleines romantisches Fluß- und Seestädtchen, das früher *Marggrabowa* hieß. Noch vor dem Zweiten Weltkrieg fand hier im Zentrum auf dem heutigen *Platz der Freiheit (pl. Wolności)* rund um eine Holzkirche der größte Wochen- und Pferdemarkt ganz Ostpreußens statt. Die 17 000 Einwohner der Kreisstadt haben ihre Existenz der Jagdleidenschaft zweier Fürsten zu verdanken, dem protestantischen Herzog Albrecht von Hohenzollern sowie dem katholisch-polnischen König Sigismund August. Während einer Jagd rund um den heute noch wildverwunschenen Treuburger See Anno 1560 waren die beiden blaublütigen Herren so begeistert, daß sie versprachen, in ihrem jeweiligen Reich eine neue Stadt zu bauen – eben Treuburg/Marggrabowa (damals Preußen) und Augustów (Polen). Heute leben die Treuburger von Holzwirtschaft, Brauerei und Tourismus.

Ein größeres *Erholungs- und Sportzentrum* mit Übernachtung, Bootsverleih und Restaurant direkt am *Treuburger See* neben feinem Sandstrand steht schon *(ul. Sębrzyckiego, Tel. 0116/24 22)*. Sehr familienfreundlich und persönlich wird das *Pensjonaty Wigry* geführt *(38 Zi., ul. Sębrzyckiego 33, Tel. 0116/22 47, Kategorie 2)*. Idyllisch liegt der *Campingplatz Sedranki (Tel. 0116/22 48)*.

Souvenireinkäufe bieten sich in einem Puppenparadies an: In dem Spielzeugladen *Prawda (ul. Tartaczna 1)* werden wertvolle und preiswerte Handarbeiten von Stoffpuppen, Plüschtieren und Teddybären verkauft.

Information: *Biuro Turystyki, ul. Park 1, Tel. 0116/22 47*

Wigry-Nationalpark (117 / E 2–3)
★ Schöner kann ein heiliger Ort gar nicht gelegen sein – das *Kloster Wigry* steht direkt am *Badesee Wigry,* seine Türme spiegeln sich im klaren Wasser und ringsherum ein riesengroßer Naturpark von fast 15 000 ha. Der See wird von der Unesco als ein sauberes und naturschönes Idyll ein-

gestuft. Auch die Angler, die auf Maränenfang gehen, kommen hier besonders leicht zu reicher Beute.

Der *Wigry-See* ist mit seinen 2100 ha und 73 m Tiefe der größte und schönste aller 14 Seen dieses Nationalparks mit seinen Biberschutz-Reservaten. Schwarzstörche und Seeadler überfliegen Moränenhügel und Kiefernwälder. Nur eine kleine Zementsäule an der Einfahrt zum Wigry-Kloster stört das naturbelassene, stille Idyll (Motorboote sind auf dem See verboten!). Doch in diesem Zementklotz soll ein Mönch seit einigen Jahrhunderten eingemauert sein, weil er zu einem Sündenfall geworden war.

Die Mönche, die heute noch in der barocken Klosteranlage leben, gehören dem Kamaldulenserorden an, der aus Italien 1604 hierher übersiedelte. Ihre Ordensregeln sind Beten und Arbeiten in der Einsiedelei. Und so steht denn auch diese barocke Klosterpracht einsam am Wigry-Ufer, drumherum nur See und Landschaft. Die Kirche mit ihren zwei Rundtürmen wirkt von außen gut erhalten, wird aber im Inneren gerade restauriert. Und ihre größten Kunstschätze, wie der Hauptaltar und wertvolle Gemälde, wurden leider im letzten Jahrhundert versteigert, um die Kriegskasse des polnischen Königs aufzufüllen.

Gar nicht mönchisch spartanisch, sondern vielmehr luxuriös sind die neuen bzw. restaurierten *Landhäuser* auf dem Klostergelände eingerichtet. Mit dem romantischen Ambiente zwischen Kirchturm, Kloster und Seeufer können Sie sich genußvolle Übernachtungsmöglichkeiten reservieren lassen und außerdem in einem rustikalen und dennoch ausgezeichnetem Restaurant speisen: Hotel-Restaurant *Wigrach (28 Zi., 16412 Stary Folwark, Tel. 087/667 97 49, Fax 667 97 48, Kategorie 1).*

Stary Folwark heißt das größte Sport- und Erholungszentrum am Wigry-See, mit Restaurant, Bootsverleih und Mehrbettzimmern. *PTTK: Gemeinde Stary Folwark, an der Straße Suwałki – Sejny, Tel. 087/66 12 27.* Gleich daneben ein *PTTK-Campingplatz* sowie eine Bootsanlegestelle für Paddler, Ruderer und Kajakwanderer *(Tel. 087/66 54 94).*

Überlebenstraining auf wildromantische Art zwischen Wald und See können Sie hier auch unter Führung von Parkhütern üben. *Dom Pracy Tworczej (Tel 087/66 12 18).*

Einmalig schöne *Paddel-* und *Kajaktouren* bieten sich rund um den *Wigry-See* und auf dem *Czarna-Hańcza-Fluß* bis nach *Rygol* an (Angeln inklusive!). Für mehrere Tage lange Wanderungen auf dem Wasser gibt es Varianten durch die Seen *Paniewo, Orle, Serwy, Biale, Necko* etc. Es ist ein Labyrinth schöner Naturwege durch eine wahrhaft große Stille. Alle Anlegestellen sind gekennzeichnet. Bootshäuser stehen in *Stary Folwark* und *Gawrych Ruda* zur Verfügung.

Gute Campingplätze für die Paddler gibt es in *Zataky,* hinter der Schule in *Mackowa Ruda* und in *Wysoki Most.* (Alle aktuellen Informationen und Karten hierzu unter *Tel. 087/ 66 59 69.)*

Nationalpark-Informationen: Tel. 087/66 63 22. Wigry-Informationsbüro: Tel. 087/66 12 18

Im Paddelboot durch dichten Urwald

Die hier beschriebene Route ist in der Übersichtskarte im vorderen Umschlag und im Reiseatlas ab Seite 112 grün markiert

 Bei dem Wort »Krutynia« denken alle Polen sofort an kreisende Armbewegungen mit nachfolgendem Muskelkater. Krutynia ist der längste, schönste und sauberste Fluß Masurens. Eine neuntägige Kanu- oder Paddeltour auf der 105 km langen Strecke zwischen Sorkwity (südwestlich von Mragowo/Sensburg) und nach Ruciane-Nida (Niedersee) ist bei Natur- und Sportsfreunden die beliebteste Route in ganz Polen. Sie führt durch zwei Naturparks, über 16 Seen und durch den berühmten Piska-Urwald. Ein phantastisches Abenteuer ohne Risiko für Leib und Leben, aber mit einmaligen Ausblicken auf Biber, Marder und Fischotter und mit unvergeßlichen Einblicken in seltene Unterwasserflora. Diese Route ist eine stille Fahrt unter herabgestürzten Königskiefern, über weite Seen und durch verwunschene Moorlandschaften.

Und still beginnt auch die Tour, wenn Sie sich, per Bahn oder PKW angereist, mit den anderen Teilnehmern an der Anlegestelle des *PTTK (Polnischer Verband für Touristik und Landeskunde)* direkt am *Lampacki-See* bei *Sorkwity (S. 81)* einfinden. Sie können Ihr eigenes Kanu mitbringen oder werden auf (mit integrier-

ten Auftriebskörpern versehene) Zweier-Paddelboote verteilt. Für die erste Nacht, wie auch für alle weiteren Nächte, erhalten Sie ein gemütliches, sauberes Zwei-Bett-Holzhäuschen direkt am Seeufer zugewiesen.

Die *erste Etappe* beginnt am nächsten Morgen in südlicher Richtung, entlang des dicht mit Schilf bewachsenen östlichen Ufers des *Jezioro Lampackie* (maximale Tiefe 38 m). So kann die schmale Zufahrt zum *Lampasz* (*Lampasch-See,* maximale Tiefe 23 m) nicht verpaßt werden. Seerosen, Anemonen und gelbe Dotterblumen färben die Ufer. Der Wasserspiegel ist hier teilweise so niedrig, daß Sie barfuß ins warme Wasser aussteigen und die Boote samt Gepäck schieben müssen. Der winzige See *Kujno* ist eher eine Pfütze (0,3 qkm) und bringt Sie zum doppelt so großen *Dluzek (Langendorfer See)*. Durch die See-Enge unter der Brücke, auf der die Autos nach Nikolaiken fahren, paddeln Sie auf dem *Biale (Weißsee)* am frühen Nachmittag in aller Ruhe zur Anlege- und Übernachtungsstelle nach *Bienki*. Vor dem Grillabend ist noch genügend Zeit für einen kleinen Landausflug 5 km gen

Osten. Hier, in der Nähe von *Piersiawek (Kleinort)* am Teich *Perwos,* liegt mitten im Wald ein museales Forsthaus. Hier wurde am 18. Mai 1887 der deutsche Schriftsteller Ernst Wiechert geboren (»Die Majorin«, »Die Jerominkinder« u. a.).

Sie haben 16 Paddelkilometer geschafft, einen leichten Muskelkater im Kreuz und glücklicherweise nur 10 km Tagesstrecke vor sich: So geht es am *zweiten Tag* vom rechten Ufer des Biale-Sees in den *Ganther-See* (maximale Tiefe 26 m). Durch eine liebliche Wald- und Wiesenlandschaft begleiten Sie viele Enten und Schwäne auf dem etwas längeren Flußabschnitt *Babiecka Struga* bis zum Etappenziel *Babieta.* Die kleinen, dreieckigen Giebelholzhütten lachen Sie schon von weitem an. Über die Dorfbrücke können Sie vor dem Schlafengehen noch einen Einkaufsbummel im kleinen Babieta unternehmen.

Am *dritten Morgen* sind Sie gerade mal in Ihre Boote eingestiegen, da heißt es nach 500 Wassermetern auch schon: Alle Boote schultern! Da versperrt nämlich der Mühldamm die Fahrtroute. Trockenen Fußes und schwerbepackt müssen Sie über die vielbefahrene Landstraße Nr. 601 (Ortelsburg–Sensburg) laufen, um sich dann per Flußwasser zum länglichen *Zyzdrój-Wielki-See* (maximale Tiefe 14 m) treiben zu lassen. Am äußersten südlichen Ende des anschließenden Sees *Maly* paddeln Sie in eine mit Schilf bewachsene Bucht bis zu einer stillgelegten Schleuse. Hier heißt es noch einmal »Das Wandern ist des Paddlers Lust«, denn wieder

müssen die Boote etwa 100 m weiter bis zum Fluß *Spychowska Struga* getragen werden. Der mündet in den kleinen *Spychowski-See,* an dessen Ufer die Bahnstation und Ortschaft *Spychowo (Puppen)* liegt. Geschäfte, Post und ein kleines Fischrestaurant laden nach der 13,5 km langen Etappe zu einem ruhigen Abend ein.

Am *vierten Tag* liegen insgesamt 11,5 km vor Ihnen – vom Puppener See über den Spychowska-Fluß, der am Auslauf zum *Kierwik-See* ziemlich reißend werden kann. Auf dem von Wald umgebenen *Zdrózno (Drusener See)* gibt es Windsurfer und in jeder der malerischen Buchten Angler oder Sonnenanbeter auf Bootsstegen. Von der östlichsten Bucht aus schippern Sie gemächlich auf den 3 km langen *Uplik-See.* In gebührendem Abstand paddeln Sie an dem Graureiher-Reservat *Lawny Lasek* des rechten Ufergeländes vorbei, bewaffnet nur mit gutem Auge und gutem Feldstecher. Auf der letzten Strecke über den mit vielen kleinen Inseln bestückten *Mokre (Muckersee)* bis zum Etappenziel, dem Dorf *Zgon* (»Hirsch«), fahren Sie durch die Ausläufer des Naturparks *Puszcza Piska (S. 77),* eine urwaldähnliche, dunkelgrüne, lianenbewachsene Uferlandschaft.

Der *fünfte Tag* führt Sie immer an der mit Königskiefern dicht bewachsenen Ostküste gen Norden: Nach 8 km und der Umfahrung von ungezählten Inselchen (wegen der Vogelbrutstätten als Naturschutzgebiet *Zakret* ausgewiesen) kann dann kein Kanute die letzte geschützte Bucht übersehen. Das ist wichtig, denn hier ist wieder einmal ein Wehr zu umgehen und das Boot zu tragen. Glücklicherweise sind es nur rund 25 m durch Gras und Schilf, bis die Boote wieder ins Wasser gelassen werden können, diesmal bereits in den Namensgeber dieser Route, den *Krutynskie-See* (maximale Tiefe 18 m bei 124 m über dem Meeresspiegel). Aus seinem nördlichen Teil tritt der berühmte *Krutynia-Fluß* heraus und schlängelt sich dann 2 km südlich bis zum idyllischen Ort *Krutyn* am linken Ufer. Im Pensionsrestaurant *Krutynia* hinter der Dorfkirche mit dem Storchennest oben drauf *(ul. Swierkówa 4, Tel. 087/723 13 21)* essen Sie geräucherte Maräne für fünf Mark das gute Stück.

In der Etappe des *sechsten Tages* windet sich die Krutynia eine Strecke entlang, auf der sich die hohen Baumkronen fast zu einem grünen Dach schließen. Hinter einer Mühle wird das Wasser so flach, daß die Kanuten wieder einmal zu Trägern werden. Dafür wird nach weiteren 6 km dann in *Wojnowo* am kleinen *Dus-See* pausiert. In dem kleinen *Kloster* der russisch-orthodoxen Philipponen haben Sie die Möglichkeit, eine wertvolle *Ikonensammlung* zu bestaunen. Ebenso wertvoll erscheinen den müden Paddlern nach weiteren drei Kilometern die komfortablen Bungalows des Tagesziels bei *Ukta*.

Am *siebten Morgen* heißt es aufgepaßt, denn auf den nur 6 km zwischen Ukta und *Nowy Most* ist die Krutynia stark verkrautet und mit den buntesten Seerosen verwachsen. Ein blütenblättriger Teppich, durch den man sich zeitweise regelrecht durchhauen

muß. Der Anblick entschädigt für das langsame Fortkommen – und das abendliche Lagerfeuer mit den unterwegs gefangenen und frisch gegrillten Steckerlfischen auch.

Von Nowy Most paddeln Sie am *achten Tag* mitten über den *Gardynskie* (maximale Tiefe 11,5 m). Seine östliche Seeseite ist morastig und bietet verschiedenen Wasservögeln, auch Graureihern, Schutz vor lästigen Wassertouristen. Bald mündet die Krutynia, die hier auch *Czarna Rzeka* (»Schwarzer Fluß«) genannt wird, in den schönsten aller masurischen Seen, in den 9 qkm großen und maximal 46 m tiefen *Beldany*.

Den *neunten und letzten Tag* verbringen Sie mit Angeln, Schwimmen und Sonnenbädern auf dem wunderschönen Beldany. Überall in südlicher Richtung am westlichen Ufer gibt es kleine Buchten und bewaldete Biwakplätze. Auch in der Hochsaison sind hier ungestörte Plätzchen zu finden. Ein abschließender Höhepunkt ist dann zwischen dem 116 m über dem Meeresspiegel gelegenen Beldany-See und dem *Guzianka-Mala-See* (117,8 m über dem Meer) die Einfahrt in die unvermeidliche Schleuse. Kurz darauf kommt die große Anlegestelle der »Weißen Flotte«, danach dann bald auch die Endstation dieser Route. Die ganze Tour kann man übrigens ohne größeren Muskelkater auch in der anderen Richtung unternehmen!

Informationen zur Route:
Nicht alles, was fließt, heißt Krutynia. Die kleineren Flußläufe wie *Dabrowka, Babiecka* und *Spyrowska* sind zwar tragfähige

Kanugewässer, nicht aber touristisch zugkräftige Namensgeber der berühmten Krutynia-Route.

Saison ist von Mitte April bis Anfang Oktober. Dann sind auch die Campingplätze geöffnet. Auf allen Campingplätzen/Verleihstationen gibt es gute Routenkarten für die Krutynia sowie sehr saubere Übernachtungsgelegenheiten in kleinen Campinghäuschen. Für Juli/August sollten Sie rechtzeitig reservieren! Bei Gewitter und an stürmischen Tagen können die Wellen auf den größeren Seen hoch werden. Dann halten Sie sich besser immer in Ufernähe auf, um ein Kentern zu vermeiden! Was Essen, Trinken, Grillplätze und Anlegestellen angeht, so ist die Infrastruktur auch für Individualpaddler überall bestens. Alle organisierten Paddeltouren haben eine Unfallversicherung und beinhalten ganztägige Verpflegung.

Wenn Sie diese Paddeltour alleine bzw. mit Freunden oder Familienmitgliedern gefahrlos ohne Reiseleiter unternehmen wollen, können Sie direkt buchen bei *Biuro Podróży PTTK, 10-950 Olsztyn (Allenstein), ul. Staromiejska 1, Tel. 089/527 40 59, Fax 527 34 42.* Gruppenreisen mit Führer wie auch individuelle Paddel- und Kanu-Touren auf der Krutynia organisiert *Nature Travel, Herr Marek Czarny (er spricht deutsch; 15-888 Bialystok, ul. Wyszynskiego 2, Tel. 085/744 45 62, Fax 744 45 34, e-mail nattrav.@alf. optinet.pl; Preis ohne Anreise, aber mit Übernachtung/Vollpension ca. 650 DM/Person).*

Polnischer Kanuverband: Polski Zwiazek Kajakowy, 010 Warszawa (Warschau), ul. Sienkiewicza 12, Tel. 022/827 49 16

Leihgebühren und -stationen: Alle 10 Verleihstationen haben ziemlich einheitliche Preise (Stand 1999): Zweier-Paddelboot *(Kajaki)* 25 Zł./Tag; Zweier-Kanu *(Canoe)* 30 Zł./Tag; alle auch ausgestattet mit Zelten oder Holzhäusern à 25–50 Zł./Nacht/Person):

Stanica Wodna PTTK, *11-731 Sorkwity, Tel. 089/742 81 24 (68 Übernachtungsplätze in Campinghäuschen)*

PTTK Bienki, *11-705 Grabowo, Tel. 089/742 10 59 (Zeltplatz und Hütten, 56 Plätze)*

PTTK Babieta, *11-711 Nawiady, Tel. 089/742 00 17 (Hütten mit 64 Plätzen)*

Stanica Wodna PTTK, *12-130 Spychowo, Tel. 089/622 50 86 (Hotel und Hütten, 151 Plätze, Café und Speiseraum)*

Stanica Wodna PTTK Zgon, *11-712 Stare Kiełbonki, Tel. 089/ 742 12 93 oder 741 32 51 (Zeltplatz und Hütten, 74 Plätze)*

Stanica Wodna PTTK, *11-712 Krutyn, Tel. 087/742 12 93 (80 Plätze in Campinghütten, Speiseraum, Café)*

PTTK Kamien, *12-210 Ukta, Tel. 087/423 60 46 (58 Plätze in Campinghäuschen, Lebensmittelgeschäft, Café)*

PTTK Nowy Most, *11-712 Stare Kiełbonki, Tel. 087/423 60 45 (62 Plätze in Hütten)*

PTTK Kamien, *12-210 Ukta, Tel./Fax 087/423 60 22 (Camping 160 Plätze, Pavillons und Hütten, insgesamt 200 Plätze, Café, Duschanlagen etc.)*

PTTK Ruciane-Nida (Niedersee), *12-210 Ruciane-Nida, ul. Wczasow 17, Tel. 087/423 11 31, Fax 423 10 12 (Camping mit 200 Plätzen und 239 Plätze in Häuschen, Café)*

Von Auskunft bis Zoll

Hier finden Sie kurzgefaßt die wichtigsten Adressen und Informationen für Ihre Masuren-Reise

AUSKUNFT

Polnisches Fremdenverkehrsamt
Marburger Str. 1, 10789 Berlin, Tel. 030/21 00 92-0, Fax 21 00 92 14, www.polen-info.de

Polorbis Reiseunternehmen GmbH
Hohenzollernring 99–101, 50672 Köln, Tel. 0221/95 15 34 20, Fax 52 82 77

Verbände
Polnischer Jagdverband Lowex, ul. Nowy Świat 35, 00029 Warszawa, Tel. 022/826 20 51, Fax 826 62 42 Polnischer Kanuten-Verband PZK, ul.Ciołka 17, 01445 Warszawa, Tel. 022/837 40 59, Fax 837 14 70 Polnischer Seglerverband PZZ, ul. Chocimska 14, 00791 Warszawa, Tel. 022/849 57 31, Fax 848 04 82 Polnischer Touristenverband, ul. Mazowiecka 7, 00052 Warszawa, Tel. 022/826 65 39, Fax 826 62 04

ANGELN

Ostsee und Masurische Seenplatte, Salz- und Süßwasserfische, saubere Flüsse, romantische Fischerhütten am See – wenn Masuren kein Anglerparadies ist, wo es riesige Hechte gibt, wo kiloschwere Barsche schwimmen und wo in den Flüssen auch der Zander zu fangen ist. Überall dürfen natürliche Köder benutzt werden, aber Spinner und Wobbler werden häufiger von den Fischen gesehen. Im Winter können frostfeste Sportfischer in Eislöchern mit dem Untereis-Blinker Plötzen und Barsche angeln.

Schonzeit für Hechte: *1. Jan. bis 30. April.* Für Bach- und Quellforelle: *1. Nov.–31. Jan.* Generell dürfen Stör, Lachs, Bartfadengründling und Alose nicht gefangen werden.

Geangelt werden darf in Masuren nur mit Angelschein, den man über sein Hotel, ein örtliches Reisebüro oder direkt bei folgender Adresse erhalten kann: *Polnischer Anglerverband PZW, ul. Twarda 42, 00105 Warszawa, Tel. 022/20 50 89, Fax 20 50 88*

AUSSPRACHE/PHONETIK

Polnisch ist eine slawische Sprache. Hier die wichtigsten Ausspracheregeln:

a: immer kurz; *c:* z wie Zeppelin, nicht wie k; *ó :* u; *rz:* wie j in

»Journal«; *ś:* weiches sch; *sz:* sch; *szcz:* schtsch. Betonung immer auf der vorletzten Silbe.

AUTO

Nationaler Führerschein und grüne Versicherungskarte sind vorgeschrieben. Gurtpflicht besteht auch in den Ortschaften. Maximal zugelassener Blutalkoholgehalt: 0,2 Promille. *Vom 1. Nov. bis zum 1. März* muß während des Tages Abblendlicht eingeschaltet sein. Die Höchstgeschwindigkeit beträgt 60 km/h in Ortschaften, 90 km/h auf Landstraßen und 110 km/h auf Schnellstraßen. *Pannennotruf 981*

Die meisten Tankstellen öffnen von *6 bis 22 Uhr,* an den großen Fernstraßen auch rund um die Uhr. Bleifreies Benzin *(Bona),* Diesel und 86- bis 98-Oktan-Benzin sind überall erhältlich. Ein Liter bleifreies Benzin kostete 1999 knapp 1,75 Mark.

AUTOSTOPP

Per Anhalter durch Masuren zu reisen ist nicht ungewöhnlich und Jugendlichen ab 17 Jahren erlaubt.

BANKEN/GELDWECHSEL

Geöffnet Mo–Fr 8–17, Sa 8–14 Uhr, die Wechselstuben *Kantor* sogar am Wochenende. Alle Reiseschecks, Eurocheques und Bargeld können in Złoty getauscht werden.

Die gängigen Kreditkarten werden auch in großen Hotels und Gaststätten akzeptiert. Vorsicht: Tauschen Sie nicht zuviel ein, denn der Rücktausch in D-Mark ist nicht überall möglich.

CAMPING

Im masurischen Seengebiet sind *vom 5. Juni bis zum 30 Sept.* zahlreiche und gut ausgerüstete Campingplätze geöffnet.

Auf Privatplätzen ist Campen nur mit Genehmigung möglich. *Polnischer Campingverband PFCC, ul. Krolewska 27, 00060 Warszawa, Tel./Fax 022/627 24 08*

DIPLOMATISCHE VERTRETUNGEN

Deutsche Botschaft
Ul. Dąbrowiecka 30, 03932 Warszawa, Tel. 022/617 30 11, Fax 617 35 82

Deutsches Konsulat
Al. Zwycięstwa 23, 80219 Gdansk, Tel. 058/341 43 66, Fax 341 22 45

Österreichische Botschaft
Ul. Gagarina 34, 00955 Warszawa, Tel. 022/341 00 81, Fax 341 00 85

Botschaft der Schweiz
Al. Ujazdowskie 27, 00540 Warszawa, Tel. 022/628 04 81, Fax 621 05 48

EINREISE

Für Deutsche, Österreicher und Schweizer ist kein Visum erforderlich, wenn man nicht länger als 90 Tage bleibt. Ein Reisepaß ist notwendig, der noch mindestens sechs Monate gültig ist.

FAHRRAD

Das flache Gebiet an den masurischen Seen ist ein Paradies für Fahrradfahrer, die Landstraßen sind wenig befahren. Die großen Hotels und viele Reisebüros verleihen gegen Gebühr auch Räder.

FKK

Keine offiziellen Nacktbade-
strände am Haff bzw. an den Masurischen Seen. Schließlich badet
man katholisch. Dennoch sagt
niemand etwas, wenn Sie an un-
einsehbaren Seeufern alle Hüllen
fallen lassen.

GESUNDHEIT

Nicht in jedem Dorf gibt es einen
Arzt *(Lekarz)*. Schließen Sie besser vor Ihrer Urlaubsreise eine
Auslandskrankenversicherung ab;
ansonsten müssen Sie für ärzt-
liche Hilfe zunächst erst einmal
bar bezahlen. *Notruf 999*

HEIMATVERBÄNDE

Die *Masurische Gesellschaft* vertritt
in mehreren masurischen Orten
die deutsche Minderheit, ohne
den polnisch-masurischen Charakter unterdrücken zu wollen
(1700 Mitglieder, *ul. Prosta 17,
10028 Olsztyn/Allenstein*). Auch
die 1991 gegründete *Masurische
Gemeinschaft* will deutsche Min-
derheitsinteressen in der masurischen Alltagspolitik vertreten,
ohne Revanchismus zu predigen
*(ul. Warszawska 17, 11500 Gi-
życko/Lötzen, Tel. 087/428 21 72)*.

JAGEN

Nicht jedermanns Sache, aber in
den weiten masurischen Wäldern gibt es eben viel Wild und
deswegen auch gerade bei deutschen Jägern ein leidenschaftli-
ches Interesse. Vor der Reise muß
man sich beim nächstzuständigen
polnischen Konsulat eine Genehmigung holen, um seine Jagd-
gewehre mitbringen zu dürfen.
Erlaubt sind maximal zwei Jagd-
gewehre mit je 100 Schuß Mu-
nition. Die Jagdzeit, je nach
Wild, dauert von *Sept. bis Ende
Nov.* Lizenzgebühren: Der Ab-
schuß eines Hirschs kostet ca.
1000 Mark, eines Wildschweins
ca. 650 Mark, ein Rebhuhn 50
Mark, ein Elch aber über 3000
Mark (Stand: 1999). Luchse und
Wölfe dürfen nicht geschossen
werden. Informationen bei *Lowex, Polnischer Jagdverband, ul.
Nowy Swiat 35, 00029 Warszawa,
Tel. 022/626 20 51, Fax 626 62 42.*

JUGENDHERBERGEN

Für ca. 8 Mark kann man in
Mehrbettzimmern übernachten.
Es gibt 17 Jugendherbergen in
Masuren. Polnischer Verband der
Jugendherbergen *PTSM, ul. Cho-
cimska 28, 00791 Warszawa, Tel.
022/649 81 54, Fax 649 83 54*

KLIMA

Masuren gehört zu den kältesten
Flachregionen Polens. Das Klima
wird hier vom Meer sowie von
kontinentalen Luftmassen aus
dem Osten beherrscht. Um
Treuburg herum beträgt die Jah-
resdurchschnitts-Temperatur nur
6 Grad. Dennoch ist der Sommer
warm, maximale Sonnenbestrah-
lung von tgl. sieben Stunden zwischen 15. Juni und 15. Aug. Danach regnet es durchschnittlich
an 14 Tagen im Monat, jedoch
nicht immer den ganzen Tag
lang! Viel Schnee in winterlichen
Wäldern, noch bis Ende April
möglich. Vereiste Seen und
weiße Wälder zeigen ihre Schönheit, in Februarnächten wird es
schon mal minus 20 Grad kalt.
Beste Reisezeit ist Juni bis Au-

gust. Aber auch die Masuren machen den ganzen Juli/Aug. (Schul-)Ferien.

Bei *Avis, Hertz* und regionalen Firmen können Sie direkt an den Bahnhöfen, in großen Hotels bzw. über die örtlichen (Reise-) Büros mieten. Preise etwa wie in Deutschland, je nach Saison.

Polizei: *Tel. 997*
Feuerwehr: *Tel. 998*
Rettungsdienst: *Tel. 999*
Pannenhilfe: *Tel. 981*

Lebensmittelgeschäfte offiziell *Mo–Fr 8–19 Uhr, Sa 8–13 Uhr.* Seit der freien Marktwirtschaft haben viele Läden, besonders in den touristischen Zentren am Haff, auch *So 10–18 Uhr* geöffnet. Banken: *Mo–Fr 8–16, Sa 8–13 Uhr.* Museen: *Di–So 10–16 Uhr.* Apotheken: *Mo–Fr 8–18 Uhr.*

Postämter sind geöffnet *Mo – Fr 8 bis 15 Uhr.* Briefe nach Deutschland brauchen im Hochsommer bis zu zwei Wochen. Rote bzw. blaue Briefkästen benutzen, die grünen dienen nur dem regionalen Postverkehr. Porto (1999) nach Westeuropa für eine Postkarte 90 Groschen, für einen Brief 1,20 Zł.

Überall 220 Volt Wechselstrom, die Stecker passen.

Auf dem Land nur über Ihre Pension zu erfahren, in größeren Gemeinden unter *Tel. 919.*

Die Taxameter zeigen (auch wegen der vielen Nullen durch die alte Inflation) nicht den endgültigen Fahrpreis an. Der angezeigte Betrag wird mit einer aktuellen Tarifzahl multipliziert. Diese Tabelle sollten Sie sich im Zweifelsfall vom Taxifahrer zeigen lassen.

Besser, Sie erkundigen sich vor Antritt der Fahrt nach dem Preis bis zu Ihrem Ziel. Zwischen 22 und 6 Uhr wird ein Aufschlag von 50 Prozent erhoben.

Vorwahl nach Deutschland: 0049, nach Österreich 0043, in die Schweiz 0041. Vorwahl nach Polen: 0048 und danach die Ortsvorwahl ohne 0.

Die öffentlichen Telefonzellen können Sie entweder mit Telefonkarte oder mit Jetons benutzen. 1 Jeton kostet 50 Groschen und gilt für ein Stadtgespräch von drei Minuten Länge. Jetons und Telefonkarten *(für 5 oder 10 neue Zł.)* gibt's in Postämtern und großen Hotels.

Telegrammaufnahme: *Tel. 905*
Inlandsauskunft: *Tel. 913*

Die Modernisierung des polnischen Telefonnetzes ist zur Jahrtausendwende so gut wie abgeschlossen und auf dem ISDN-Standard. Im Frühjahr 1999 wurden anläßlich der neuen Länderregelung in den beiden masurischen Woiwodschaften fast alle Telefonnummern geändert. Dieser Reiseführer hat das bereits aktuell berücksichtigt!

TRINKGELD

Die Preise in den Restaurants beinhalten das Trinkgeld.

Ansonsten ist ein 5- bis 10prozentiges *Napiwek* eine angemessene Anerkennung für guten Service.

ZEITUNGEN

In Masuren braucht man nicht auf deutsche Berichterstattung zu verzichten: Gängige deutsche Zeitungen und auch Zeitschriften erhält man meist schon einen Tag später in Hauptbahnhöfen sowie in den großen Hotels.

ZOLL

Zollfrei eingeführt werden dürfen Geschenkartikel im Wert von max. 250 Mark, 2 l Wein oder 5 l Bier, 250 Zigaretten oder 50 Zigarren. Mitbringen dürfen Sie Ihre Videokameras, Fotoapparate, Fernseher etc., die aber auch wieder ausgeführt werden müssen. Doch es gibt so gut wie keine Kontrollen. Ausführen dürfen Sie alles außer Waffen, Antiquitäten und Złoty-Währung. Doch bedenken Sie, daß Sie nach Deutschland nur 1 l Wodka, 200 Zigaretten oder 50 Zigarren einführen dürfen.

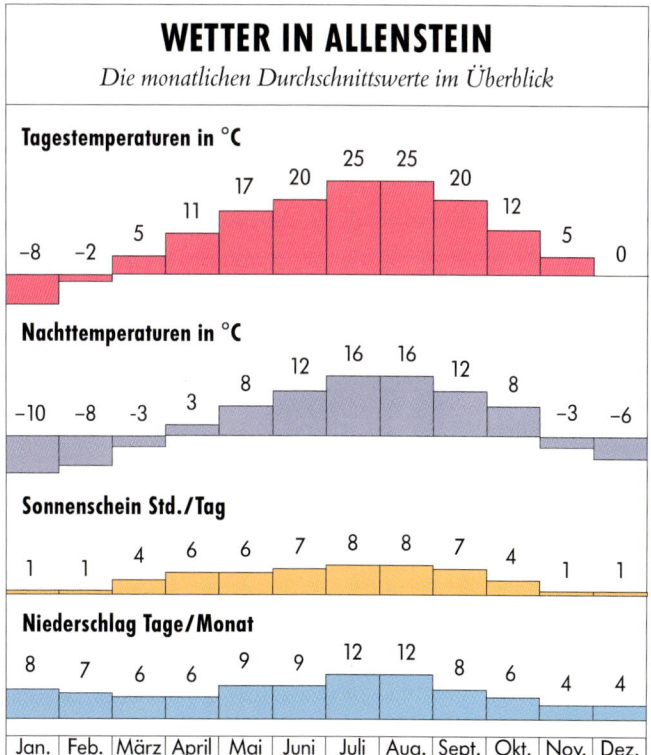

WETTER IN ALLENSTEIN
Die monatlichen Durchschnittswerte im Überblick

Tagestemperaturen in °C

Jan.	Feb.	März	April	Mai	Juni	Juli	Aug.	Sept.	Okt.	Nov.	Dez.
–8	–2	5	11	17	20	25	25	20	12	5	0

Nachttemperaturen in °C

| –10 | –8 | –3 | 3 | 8 | 12 | 16 | 16 | 12 | 8 | –3 | –6 |

Sonnenschein Std./Tag

| 1 | 1 | 4 | 6 | 6 | 7 | 8 | 8 | 7 | 4 | 1 | 1 |

Niederschlag Tage/Monat

| 8 | 7 | 6 | 6 | 9 | 9 | 12 | 12 | 8 | 6 | 4 | 4 |

Bloß nicht!

Kleine Tips, die Sie vor bösen Überraschungen bewahren

Auto/Verkehr

In einem stimmen die deutsche und die polnische Polizei überein: Polnische Banden stehlen viel mehr PKWs im Westen Europas als in Polen selbst. Und im ländlich-friedlichen Masuren noch viel weniger! Dennoch sollten Sie Ihren Westwagen immer sorgfältig absperren und nichts Wertvolles sichtbar drinnen liegen lassen. Äußerste Vorsicht gilt bei unbeleuchteten Pferdewagen des Nachts. Bei Nebel oder Dunkelheit sollte man auf allen Landstraßen sowieso vorsichtig fahren, da Kühe, polnische Gänse und masurische Betrunkene (Bauern morgens nach dem Markttag!) immer meinen, sie hätten Vorfahrt. Und ganz gefährlich wird es, wenn man sich beim Autofahren durch die tunnelartigen Alleen von den schönen, aber sehr tieffliegenden Störchen ablenken läßt. Da gab es tatsächlich schon Zusammenstöße der anderen Art, Storch gegen Windschutzscheibe!

Diebstahl

Alle Diktaturen hinterlassen nach ihrem Ende den verängstigten und eingeschüchterten Bürgern für gewisse Zeit einen verunsicherten, fast anarchistischen Staat des Übergangs. So auch der Kommunismus in Polen 1989/1990. Parallel zur (von einigen Dieben und Banditen mißverstandenen) Freiheit stieg auch die Kriminalitätsrate. Aber auch hier liegt die heile masurische Welt am unteren Ende der Kriminalstatistik. Achten Sie dennoch im Gedränge von Wochenmärkten auf Ihre Geldbörse bzw. Brieftasche. Lassen Sie im Zugabteil nicht Ihr Gepäck unbeaufsichtigt. Und deponieren Sie Wertsachen und größere Geldsummen im Hotelsafe.

Revanchismus

Masuren sind gemütlich, oft redefaul. Deutsche Besucher sollten nicht ohne Not eine heiße Diskussion über die vergangenen Kriegsverbrechen bzw. über den Deutschen Ritterorden anzetteln. Haben Sie jedoch einen politisch interessierten masurischen Gesprächspartner vor sich, so denken Sie bitte an die »tempi passati«, daß auch in Polen bereits eine dritte, unbelastete Generation heranwächst und daß deutscherseits jede Nähe zu revanchistischen Gedanken schlicht unmoralisch ist. Schon gar nicht sollten die Älteren, mit der altdeutschen Landkarte in der Hand, vor einem Haus Sturm klingeln und den dort nun schon seit 50 Jahren wohnenden polnischen Masuren lautstark erklären, wer hier der eigentliche Herr im Hause sei!

Sprechen und Verstehen ganz einfach

Zur Erleichterung der Aussprache sind alle polnischen Wörter mit einer einfachen Aussprache (in eckigen Klammern) versehen. In mehrsilbigen Wörtern wird die vorletzte Silbe betont.

AUF EINEN BLICK

Ja./Nein.	Tak. [tak] / Nie. [njä]
Vielleicht.	Może. [moschä]
Bitte.	Proszę. [proschän]
Danke.	Dziękuję. [dsiänkujän]
Gern geschehen.	Zrobiłem/zrobiłam to z przyjemnością. [srobbiuäm/srobbiuam to spschijämnoschtschon]
Entschuldigung!	Przepraszam! [pschäpruscham]
Wie bitte?	Słucham? [suucham]
Ich verstehe Sie nicht.	Nie rozumiem pana/pani. [njä rossumjäm pana/panji]
Können Sie mir bitte helfen?	Czy może mi pan/pani pomóc? [tschi moschä mi pan/panji pommuz]
Ich möchte …	Chciałbym/Chciałabym … [chtschaubim/chtschauabim]
Das gefällt mir (nicht).	To mi się (nie) podoba. [to mi schän (njä) poddobba]
Haben Sie …?	Czy ma pan/pani …? [tschi ma pan/panji]
Wieviel kostet es?	Ile to kosztuje? [ilä to koschtujä]
Wieviel Uhr ist es?	Która godzina? [ktura goddsina]

KENNENLERNEN

Guten Morgen/Tag!	Dzień dobry! [dsiänj dobbri]
Guten Abend!	Dobry wieczór! [dobri wätschur]
Hallo!/Grüß dich!	Halo!/Witam! [chalo/witam]
Wie heißt du?	Jak się nazywasz? [jak schän nasiwasch]
Wie geht es Ihnen?	Jak się panu/pani powodzi? [jak schän panu/panji powwoddsi]
Danke. Und Ihnen?	Dziękuję. [dsiänkujän] A panu/pani? [a panu/panji]
Auf Wiedersehen!	Do widzenia! [do widsänja]
Bis morgen!	Do jutra! [do jutra]
Gute Nacht!	Dobranoc! [dobbranotts]
Tschüs!	Serwus! [särwus]

Auskunft

links	na lewo [na läwo]
rechts	na prawo [na prawo]
geradeaus	prosto [prossto]
nah / weit	blisko [blisko] / daleko [daläko]
Bitte, wo ist …?	Przepraszam, gdzie jest …? [pschäprascham, gdsiä jäst]
Wie weit ist das?	Jak to jest daleko? [jak to jäst daläko]

Panne

Ich habe eine Panne.	Mam awarię samochodu. [mam awarjän samochoddu]
Würden Sie mich bis zur nächsten Werkstatt abschleppen?	Odholowałby mnie pan/odholowałaby mnie pani do najbliższego warsztatu? [ottchollowwaubi mnjä pan/ ottchollowwauabi mnjä panji do najblischschägo warschtatu]
Wo ist hier in der Nähe eine Werkstatt?	Gdzie jest tu w pobliżu warsztat naprawczy? [gdsiä jäst tu f pobblischu warschtat napraftschi]

Tankstelle

Wo ist bitte die nächste Tankstelle?	Przepraszam, gdzie jest najbliższa stacja benzynowa? [pschäprascham, gdsiä jäst najblischscha stazja bänsinowwa]
Ich möchte … Liter	Chciałbym/chciałabym … litrów [chtschaubim/chtschauabim … litruf]
… Normalbenzin.	… benzyny niskooktanowej. [bänsini njiskoocktanowwäj]
… Super/Diesel.	… wysokooktanowej/ropy. [wisockoocktanowwäj/roppi]
Volltanken, bitte.	Proszę do pełna. [proschän do päuna]

Unfall

Hilfe!	Ratunku! [ratunku]
Rufen Sie bitte schnell …	Proszę wezwać szybko … [proschän wäswatsch schipko]
… einen Krankenwagen.	… karetkę pogotowia. [karätkän poggottowwa]
… die Polizei.	… policję. [pollizjän]
… die Feuerwehr.	… straż pożarną. [strasch poscharnon]
Es war Ihre Schuld.	To była pana/pani wina. [to biua pana/panji wina]
Geben Sie mir bitte Ihren Namen und Ihre Anschrift.	Proszę mi podać pana/pani nazwisko i adres. [proschän mi poddatsch pana/ panji naswisko i adräs]

ESSEN/UNTERHALTUNG

Wo gibt es hier …
Gdzie jest tu w pobliżu …
[gdsiä jäst tu fpobblischu]

ein gutes Restaurant?
dobra restauracja?
[dobbra rästaurazja]

ein nicht zu teures Restaurant?
nie za droga restauracja?
[njä sa drogga rästaurazja]

Gibt es hier eine gemütliche Kneipe?
Czy jest tu jakaś miła knajpa?
[tschi jäst tu jakasch miua knajpa]

Reservieren Sie uns bitte für heute abend einen Tisch für 4 Personen.
Proszę zarezerwować dla nas na dziś wieczór stolik na cztery osoby.
[proschän saräsärwowwatsch dla nas na dsisch wjätschur stollik na tschtäri ossobbi]

Auf Ihr Wohl!
Pana/pani zdrowie!
[pana/panji sdrowwjä]

Diese Runde übernehme ich.
Stawiam tę kolejkę.
[stawjam tän kolläjkän]

Bezahlen, bitte.
Płacić, proszę. [puatschitsch, proschän]

Hat es geschmeckt?
Smakowało? [smakowwauo]

Das Essen war ausgezeichnet.
Jedzenie było znakomite.
[jädsänjä biuo snakommitä]

ÜBERNACHTUNG

Können Sie mir bitte … empfehlen?
Może mi pan/pani polecić …?
[moschä mi pan/panji pollätschitsch]

ein gutes Hotel
dobry hotel [dobbri chottäl]

eine Pension
pensjonat [pänsjonnat]

Haben Sie noch Zimmer frei?
Czy ma pan/pani jeszcze wolne pokoje? [tschi ma pan/panji jäschtschä wollnä pockojjä]

ein Einzelzimmer
pokój jednoosobowy
[pockuj jädnoossobbowwi]

ein Zweibettzimmer
pokój dwuosobowy
[pockuj dwuossobbowwi]

mit Bad
z łazienką [s uasiänkon]

mit Dusche
z prysznicem [s prischnjizäm]

für eine Nacht
na jedną noc [na jädnon noz]

für eine Woche
na tydzień [na tidsiänj]

Was kostet das Zimmer mit …?
Ile kosztuje pokój …?
[ilä koschtujä pockuj]

Frühstück
ze śniadaniem [sä schnjadanjäm]

Halbpension
ze śniadaniem i kolacją
[sä schnjadanjäm i kollazjon]

Vollpension
z całodziennym utrzymaniem
[s zauoddsiännim utschimanjäm]

Kann ich das Zimmer ansehen?
Mogę ten pokój obejrzeć?
[moggän tän pockuj obbäjschätsch]

Arzt

Können Sie mir einen
guten Arzt empfehlen?

Czy może mi pan/pani polecić dobre-
go lekarza? [tschi moschä mi pan/panji
pollätschitsch dobbrägo läkascha]

Ich habe hier Schmerzen.

Tu mam bóle. [tu mam bulä]

Bank

Wo ist hier bitte …
… eine Bank?
… eine Wechselstube?

Gdzie tu jest … [gdsiä tu jäst …]
… bank? [bank]
… kantor (wymiany walut)?
[kantorr (wimjani walut)]

Ich möchte … DM (Schil-
ling, Schweizer Franken)
in Złoty wechseln.

Chciałbym/ƒ Chciałabym wymienić …
marek niemieckich (szylingów,
franków szwajcarskich) na złotych.
[chtschaubim/chtschauabim wimänjitsch
… maräk njämäzkich (schilinguf, frankuf
schfajzarskich) na suottich]

Post

Was kostet …
… ein Brief …
… eine Postkarte …
… nach Deutschland?

Ile kosztuje … [ilä koschtujä]
… list … [list]
… pocztówka … [pottschtufka]
… do Niemiec? [do njämäz]

Zahlen

0	zero [säro]	
1	jeden [jädän]	
2	dwa [dwa]	
3	trzy [tschi]	
4	cztery [tschtäri]	
5	pięć [pänjtsch]	
6	sześć [schäschtsch]	
7	siedem [schädäm]	
8	osiem [oschäm]	
9	dziewięć [dsiäwänjtsch]	
10	dziesięć [dsiäschänjtsch]	
11	jedenaście [jädänaschtschä]	
12	dwanaście [dwanaschtschä]	
20	dwadzieścia [dwadsiäschtscha]	
21	dwadzieścia jeden [dwadsiäschtscha jädän]	
30	trzydzieści [tschidsiäschtschi]	

40	czterdzieści [tschtärdsiäschtschi]
50	pięćdziesiąt [pänjdsiäschonnt]
60	sześćdziesiąt [schäschdsiäschonnt]
70	siedemdziesiąt [schädämdsiäschonnt]
80	osiemdziesiąt [oschämdsiäschonnt]
90	dziewięćdziesiąt [dsiäwänjdsiäschonnt]
100	sto [sto]
101	sto jeden [sto jädän]
200	dwieście [dwäschtschä]
1000	tysiąc [tischonz]
10 000	dziesięć tysięcy [dsiäschänjtsch tischänzi]
1/2	jedna druga [jädna druga]
1/4	jedna czwarta [jädna tschwarta]

Spis potraw
Speisekarte

ŚNIADANIE	FRÜHSTÜCK
jajko na miękko [jajko na mänkko]	weiches Ei
jajecznica [jajätschnjiza]	Rühreier
jajka ze słoniną [jajka sä suonnjinon]	Eier mit Speck
chleb/bułki/grzanki [chläp/buuki/gschanki]	Brot/Brötchen/Toast
rogalik [roggalik]	Hörnchen
masło [massuo]	Butter
ser [sär]	Käse
wędlina [wändlina]	Wurst
szynka [schinka]	Schinken
miód [mjut]	Honig
marmolada [marmollada]	Marmelade
musli [mussli]	Müsli
jogurt [joggurt]	Joghurt
owoce [owwozä]	Obst

PRZEKĄSKI/ZUPY	VORSPEISEN/SUPPEN
barszcz z pasztecikiem [barschtsch s paschtätschikäm]	Rote-Bete-Suppe mit Pastete
befsztyk tatarski [bäfschtik tatarski]	Tatar
gotowana szynka [gottowwana schinka]	gekochter Schinken
jaja w majonezie [jaja w majonnäsiä]	Eier in Mayonnaise
ogórkowa z ryżem [oggurkowwa srischäm]	Gurkensuppe mit Reis
kaczka w galarecie [katschka w galarätschä]	Ente in Aspik
pieczarkowa [pätscharkowwa]	Champignonsuppe
pomidorowa z makaronem [pommidorrowwa smakaronnäm]	Tomatensuppe mit Nudeln
rosół z makaronem [rossuw smakaronnäm]	Fleischbrühe mit Nudeln
rybna [ribna]	Fischsuppe
śledź w oleju [schlätsch w olläju]	Hering in Öl
śledź w śmietanie [schlätsch fschmätanjä]	Hering in Sahne
węgorz wędzony [wängosch wändsonni]	Räucheraal
węgorz w galarecie [wängosch w galarätschä]	Aal in Gelee

RYBY — FISCHGERICHTE

filet z dorsza [filät sdorrscha]	Kabeljaufilet
filet z halibuta [filät s_chalibuta]	Heilbuttfilet
karp [karp]	Karpfen
łosoś z grila [uossosch sgrila]	Lachs vom Rost
pstrąg [pstrong]	Forelle
sandacz [sandatsch]	Zander
śledź [schlätsch]	Hering
szczupak [schtschupak]	Hecht
węgorz [wängosch]	Aal

DANIA MIĘSNE — FLEISCHGERICHTE

antrykot [antrikott]	Entrecôte
baranina [baranjina]	Hammelfleisch
befsztyk z polędwicy [bäfschtik spolländwizi]	Rinderfilet
boef stroganow [bäf strogganoff]	Bœuf Stroganoff
bryzol wieprzowy [brisoll wäpschowwi]	Schweineschnitzel
bryzol wołowy [brisoll wouuowwi]	Rinderschnitzel
golonka [gollonnka]	Eisbein
gulasz [gulasch]	Gulasch
kotlet mielony [kottlät mälonni]	Frikadelle
kotlet schabowy [kottlät s_chabowwi]	Schweinskotelett
pieczeń cielęca [pätschänj tschälänza]	Kalbsbraten
pieczeń wieprzowa [pätschänj wäpschowwa]	Schweinebraten
pieczeń wołowa [pätschänj wouuowwa]	Rinderbraten
szaszłyk [schaschuik]	Schaschlik
sznycel po wiedeńsku [schnitschäl po wädänjsku]	Wiener Schnitzel
wątróbka [wonntrupka]	Leber
zrazy [srasi]	Rinderrouladen

DZICZYZNA I DRÓB — WILD UND GEFLÜGEL

dzika kaczka [dsika katschka]	Wildente
gęś [gänsch]	Gans
indyk [indik]	Pute
jeleń [jälänj]	Hirsch
kaczka [katschka]	Ente
królik [krulik]	Kaninchen
kurczak [kurtschak]	Hähnchen
sarna [sarna]	Reh
zając [sajonnz]	Hase

DODATKI / BEILAGEN

fasolka zielona [fassollka siälonna]	grüne Bohnen
frytki [fritki]	Pommes frites
kalafior [kalaforr]	Blumenkohl
mizeria [misärja]	Gurkensalat
pieczarki [pätscharki]	Champignons
surówka [surufka]	Rohkostsalat
~ z czerwonej kapusty [stschärwonnäj kapusti]	Rotkrautsalat
~ z czerwonych buraczków [stschärwonnich buratschkuf]	Rote-Bete-Salat
~ z kapusty kiszonej [skapusti kischonnäj]	Sauerkrautsalat
~ z marchwi [smarchfi]	Karottensalat
~ z pomidorów [spommidorruf]	Tomatensalat
szparagi [schparagi]	Spargel
szpinak [schpinak]	Spinat
zielona sałata [siälonna sauata]	grüner Salat
ziemniaki [siämnjaki]	Kartoffeln
~ purée [pirä]	Kartoffelpüree
~ smażone [smaschonnä]	Bratkartoffeln

POTRAWY NARODOWE / NATIONALGERICHTE

barszcz czerwony czysty [barschtsch tschärwonni tschisti]	Klare Rote-Bete-Suppe
bigos [bigoss]	Bigos (Sauerkraut mit Wurst und Fleisch, gedünstet)
flaczki wołowe [flatschki wouuowwä]	Pansensuppe
gołąbki [gouuommpki]	Kohlrouladen
grochówka [grochufka]	Erbsensuppe
kapuśniak [kapuschnjak]	Kohlsuppe
naleśniki [naläschnjiki]	Crêpes/Palatschinken
pierogi [päroggi]	Piroggen (gefüllte Teigtaschen)

DESERY/LODY / NACHSPEISEN/EIS

bita śmietana [bita schmätana]	Schlagsahne
budyń [budinj]	Pudding
czekoladowe [tschäkolladowwä]	Schokoladeneis
drożdżówka [droschdschufka]	Hefekuchen
kawa mrożona [kawa mroschonna]	Eiskaffee
krem czekoladowy [kräm tschäkolladowwi]	Schokoladencreme
pączki [ponntschki]	Berliner
lody truskawkowe [loddi truskafkowwä]	Erdbeereis
lody waniliowe [loddi wanjilowwä]	Vanilleeis

Spis napojów
Getränkekarte

NAPOJE ALKOHOLOWE	ALKOHOLISCHE GETRÄNKE

koniak [konjak] Kognak
likier [likär] Likör
piwo [piwo] Bier
szampan [schampan] Champagner/Sekt
winiak [winjak] Weinbrand
wódka [wutka] Wodka

wino [wino] Wein
~ białe [bjauä] Weißwein
~ czerwone [tschärwonnä] Rotwein
~ słodkie [suottkä] süßer Wein
~ wytrawne [witrawna] trockener Wein

NAPOJE BEZALKOHOLOWE	ALKOHOLFREIE GETRÄNKE

sok [sock] Saft
~ jabłkowy [japkowwi] Apfelsaft
~ pomarańczowy Orangensaft
  [pommaranjtschowwi]
~ owocowy [owwozowwi] Fruchtsaft
tonic [tonjick] Tonic
woda mineralna [wodda minäralna] Mineralwasser

CIEPŁE NAPOJE	WARME GETRÄNKE

herbata [chärbata] Tee
~ z cytryną [s zitrinon] Tee mit Zitrone
~ z mlekiem [s mläkäm] Tee mit Milch
herbata ziołowa [chärbata siouuowwa] Kräutertee

czekolada [tschäkollada] Schokolade

kawa czarna [kawa tscharna] schwarzer Kaffee
kawa z mlekiem [kawa s mläkäm] Kaffee mit Milch
kawa bezkofeinowa koffeinfreier Kaffee
[kawa bäskoffäinowwa]

Reiseatlas Masurische Seen

Die Seiteneinteilung für den Reiseatlas finden Sie auf dem hinteren Umschlag dieses Reiseführers

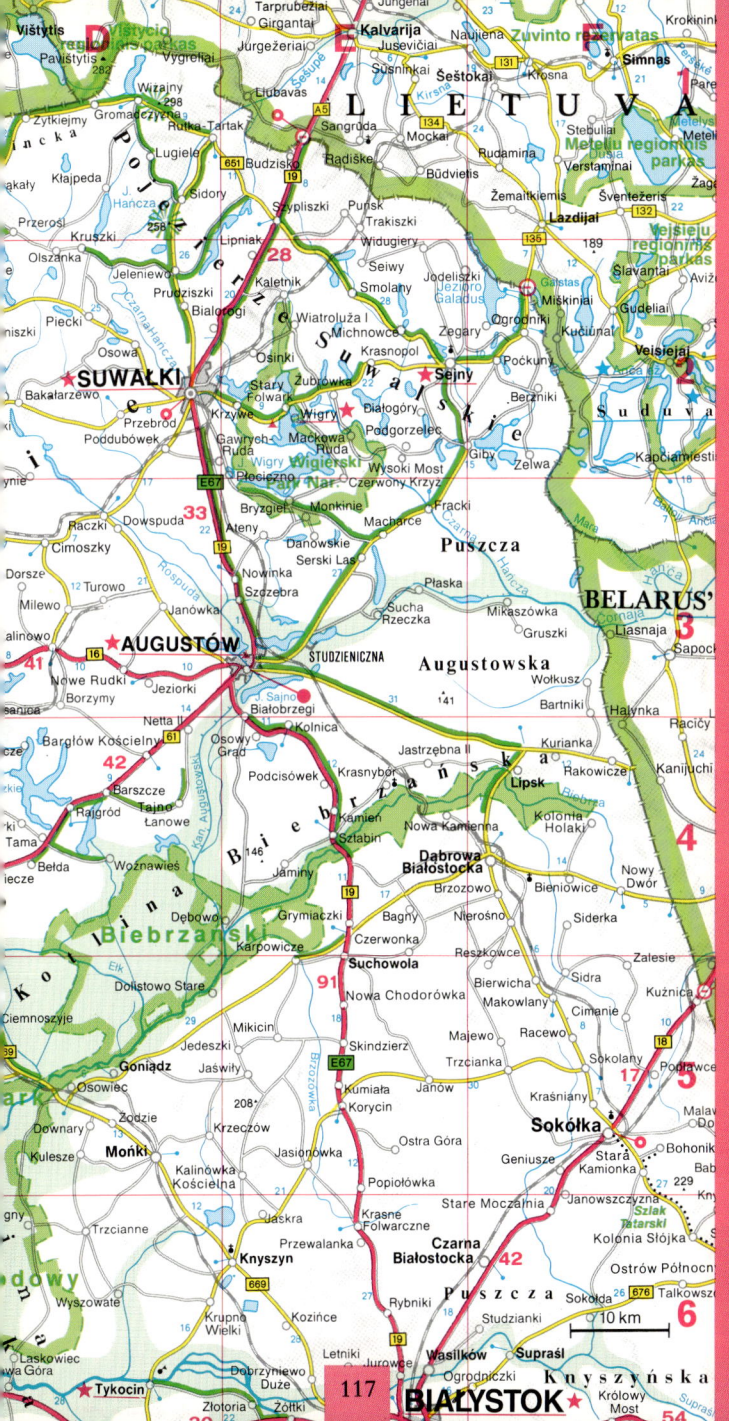

LEGENDE REISEATLAS

	Autobahn mit Anschlußstelle Motorway with junction
	Autobahn in Bau Motorway under construction
	Autobahn in Planung Motorway projected
®	Raststätte mit Übernachtungsmöglichkeit Roadside restaurant and hotel
®	Raststätte ohne Übernachtungsmöglichkeit Roadside restaurant
®	Erfrischungsstelle, Kiosk Snackbar, kiosk
®	Tankstelle Filling-station
	Autobahnähnliche Schnell- straße mit Anschlußstelle Dual carriage-way with motorway characteristics with junction
	Straße mit zwei getrennten Fahrbahnen Dual carriage-way
	Durchgangsstraße Thoroughfare
	Wichtige Hauptstraße Important main road
	Hauptstraße Main road
	Sonstige Straße Other road
	Fernverkehrsbahn Main line railway
	Bergbahn Mountain railway
	Autotransport per Bahn Transport of cars by railway
	Autofähre Car ferry
	Schiffahrtslinie Shipping route
	Landschaftlich besonders schöne Strecke Route with beautiful scenery
Routes des Crêtes	Touristenstraße Tourist route
	Straße gegen Gebühr befahrbar Toll road
	Straße für Kraftfahrzeuge gesperrt Road closed to motor traffic
	Zeitlich geregelter Verkehr Temporal regulated traffic
15%	Bedeutende Steigungen Important gradients

Kultur
Culture

★★ **PARIS** ★★ *la Alhambra*	Eine Reise wert Worth a journey
★ **TRENTO** ★ *Comburg*	Lohnt einen Umweg Worth a detour

Landschaft
Landscape

★★ **Rodos** ★★ *Fingal's cave*	Eine Reise wert Worth a journey
★ **Korab** ★ *Jaskinia raj*	Lohnt einen Umweg Worth a detour
	Besonders schöner Ausblick Important panoramic view
	Nationalpark, Naturpark National park, nature park
	Sperrgebiet Prohibited area
4807 ▲	Bergspitze mit Höhenangabe in Metern Mountain summit with height in metres
(630)	Ortshöhe Elevation
⚲	Kirche Church
	Kirchenruine Church ruin
	Kloster Monastery
	Klosterruine Monastery ruin
	Schloß, Burg Palace, castle
	Schloß-, Burgruine Palace ruin, castle ruin
	Denkmal Monument
	Wasserfall Waterfall
	Höhle Cave
	Ruinenstätte Ruins
▪	Sonstiges Objekt Other object
△	Jugendherberge Youth hostel
	Badestrand · Surfen Bathing beach · Surfing
	Tauchen · Fischen Diving · Fishing
	Verkehrsflughafen Airport
	Flugplatz Airfield

20 km

REGISTER

In diesem Register finden Sie alle in diesem Führer erwähnten Orte, Sehenswürdigkeiten und Seen. Halbfette Seitenzahlen verweisen auf den Haupteintrag, kursive auf ein Foto.

119

Was bekomme ich für mein Geld?

 Die polnische Währung heißt Złoty (Zł.). Ein Złoty hat einhundert Groschen (Grosz). Es kursieren Banknoten zu 10, 20, 50, 100 und 200 Złoty sowie Münzen zu 1, 2, 5, 10, 20, 50 Grosz und 1, 2, und 5 Złoty. Ohne Devisenerlaubnis ist die Ein- und Ausfuhr von polnischer Währung verboten.

Seit 1998 steht der Złoty felsenfest zur Deutschen Mark, nämlich 2:1. Deswegen gibt es auch keinen Schwarzmarkt mehr für DM-Scheine. Der Euro läßt schon grüßen.

Auch wenn das Leben in Polen teurer geworden ist, kann der Urlauber gerade im ländlichen Masuren noch relativ preiswert leben. Natürlich – wenn Sie in einem der neuen Luxushotels in die Boutiquen gehen, zahlen Sie für Schmuck oder Kleidung ebenso viel wie in Deutschland. Doch ansonsten kostet im Normalfall eine Tasse Kaffee nur 80 Pfennig, eine Straßenbahnfahrt 50 Pfennig, ein gutes Essen in einer kleinen Dorfkneipe 8 Mark und eine Bauernpension mit Frühstück pro Person und Nacht auch nur 20 Mark.

An den Grenzübergängen müssen Sie bei der Einreise gelegentlich noch eine Devisenerklärung (Currency Statement) ausfüllen. Wenn Sie während Ihres Aufenthaltes Bargeld oder Schecks eintauschen, so heben Sie bitte unbedingt die Belege für die Ausreiseformalitäten auf.

DM	Złoty	Złoty	DM
1	2,06	1	0,49
2	4,12	2	0,97
3	6,18	3	1,46
4	8,24	4	1,94
5	10,30	5	2,43
10	20,60	10	4,85
20	41,20	20	9,71
30	61,80	30	14,56
40	82,41	40	19,42
50	103,01	50	24,27
60	123,61	60	29,12
70	144,21	70	33,98
80	164,81	80	38,83
90	185,41	90	43,69
100	206,02	100	48,54
200	412,03	200	97,08
300	618,05	300	145,62
500	1.030,08	500	242,70
750	1.545,12	750	364,05
1.000	2.060,16	1.000	485,40

Bei Scheckzahlung/Automatenabhebung am Urlaubsort berechnet die Heimatbank die obenstehenden Kurse. Stand: Juli 1999